信息化背景下高职英语
教学改革路径创新研究

孙 瑜 著

延边大学出版社

图书在版编目（CIP）数据

信息化背景下高职英语教学改革路径创新研究/ 孙瑜著.
--延吉：延边大学出版社，2021.11
ISBN 978-7-230-02403-7

Ⅰ．①信… Ⅱ．①孙… Ⅲ．①英语－教学改革－研究
－高等职业教育 Ⅳ．①H319.3

中国版本图书馆CIP数据核字(2021)第226419号

信息化背景下高职英语教学改革路径创新研究

著　　者：孙　瑜
责任编辑：翟秀薇
封面设计：王　朋
出版发行：延边大学出版社
社　　址：吉林省延吉市公园路977号　　　邮　编：133002
网　　址：http://www.ydcbs.com　　　　E-mail:ydcbs@ydcbs.com
电　　话：0433-2732435　　　　　　　　传　真：0433-2732434
印　　刷：北京市迪鑫印刷厂
开　　本：787毫米×1092 毫米　　1/16
印　　张：8
字　　数：210千字
版　　次：2022年3月第1版
印　　次：2022年3月第1次印刷
书　　号：ISBN 978-7-230-02403-7

定　　价：52.00元

前　言

　　高职英语教学注重英语知识的实用性，相对于普通院校过于偏重学术性理论知识的教育方式而言，高职院校更注重学生英语学习的实践，致力于让英语作为学生适应未来社会的工具，使之能有效应对各项岗位需要，维系良好发展前景。因此，在高职英语教学中推行信息化教育，教师要给予学生更多自主实践的机会，注重学生信息化素养的培养，并让其借助信息化手段来探究语言知识、获取语言信息，同时引导学生进行相关实践性的语言技能锻炼，借此全面提升其综合素质能力水平。因此，信息化教学的推行既是现代化教育改革的必经之路，也是帮助学生适应未来社会的前提。本书主要从高职英语教学角度研究信息化教学形式与具体方法，分析信息化背景下高职英语的教学改革动向。

　　现阶段部分高职院校，不太重视提高学生英语语言应用能力，同时大部分高职学生在英语方面的学习热情并不高涨。因为学生的学习主动性不足，所以高职英语教学没有取得显著的成效。想要改变高职英语教学的现状，最重要的是要转变教师的教学理念和学生的学习观念。只有教师转变了教学观念，制订出新的教学目标，才能打破传统的应试教育体系。

　　高职英语的教学宗旨，就是培养学生的交际能力，使学生更好地适应职业需求。为了使学生形成良好的英语实际应用能力，教师在英语教学工作中要进行正确的引导，通过有效地引入信息化的方式提升高职英语的指向性和实用性，进而顺利完成教学目标。此外，信息化手段具备较强的优势，在高职英语教学中广泛应用信息化手段，能创新教师的教学观念与教学方法，培养学生学习的兴趣，为学生更好地理解与掌握知识提供重要的保障。

　　总之，在高职英语传统课堂教学中有效地应用信息化教学手段，可以调动学生学习英语的主动性，对有效完成教学目标起到保障的作用。教师在采用信息化教学手段的同时，要提升自身的信息化素养水平，不断学习、强化信息化技术的运用。并且根据教学目标及内容，结合学生的现实需求与客观实际，合理选用机动灵活的信息化教学方法，帮助学生学好英语，提升英语应用能力，使学生成为高素质的人才，为社会做出自己的贡献。

目　　录

第一章　现代信息技术与英语教学

第一节　新时代教育信息化发展的特点

教育信息化是我国实现教育现代化的基础条件，受到了国家各个层面的重视。本节梳理了我国教育信息化发展过程中各个阶段的特点，基于相关研究总结了梁簌溟先生的教育思想，并根据梁先生的观点从教育的功能、构成和目标等方面论述未来我国教育信息化发展的特点，为国家教育信息化的发展提供理论支持。

随着网络、大数据和人工智能的发展，社会已经发生了深层次变革。教育信息化就是以信息技术为支撑，引导和变革我国现有的教育模式，能够提高教育质量。2019 年初，中共中央和国务院印发的《中国教育现代化 2035》明确提出要加快信息化时代教育变革，具体包括建设智能化校园，统筹建设一体化和智能化教学、管理与服务平台；利用现代技术加快推动人才培养模式改革，实现规模化教育与个性化培养的有机结合；创新教育服务业态，建立数字教育资源共建共享机制，完善利益分配机制、知识产权保护制度和新型教育服务监管制度；推进教育治理方式变革，加快形成现代化的教育管理与监测体系，推进管理精准化和决策科学化。这充分说明了教育信息化是我国实现教育现代化的重要推手。

一、新时代教育信息化背景

2010 年以来，多个教育相关的重大文件和领导讲话都对教育信息化提出了要求。例如：《国家中长期教育改革和发展规划纲要（2010—2020 年）》《国家教育事业发展"十三五"规划》《教育信息化十年发展规划（2011—2020 年）》等。国务院在 2012 年 9 月的全国教育信息化工作电视电话会议中提出了"三通两平台"的教育信息化建设思路，在 2015 年 11 月的第二次全国教育信息化工作电视电话会议的讲话中提出了"十三五"教育信息化工作的三大目标。这些都充分说明国家层面对教育信息化工作非常重视。

二、梁簌溟教育思想特点分析

梁先生站在比较中西文化教育的高度，强调教育是改造社会的根本途径。林毓生教授指出，19 世纪末至 20 世纪初的大多数知识分子都希望振兴中国，他们认为只有彻底转变中国人的世界观，完全重建中国人的思想意识，才能提高国民素质，改变中国贫穷落后的面貌。中国人如果不能适应现代化的世界观和思想意识，那么所有的改革终究是徒劳无益的。思想和文化的改革应优先于政治、社会和经济的改革。梁漱溟先生是这类知识分子的典型代表，他也是想通过思想和文化的教育，努力提升我国国民的基本素质。

三、新时代教育信息化工作思考

无论是梁先生的时代还是今日，学校教育都是教育的主要形式。这种现象其实有必然性，由于"知识能量"不对称，导致实施教育的一方在知识信息量上占有相当的高度，所以会产生知识的传递活动，而这个传递过程多是以学校为载体，通过教师讲授来完成的。在信息技术发达的时代，实施教育和受教育的"知识位差"会显著降低，因为网络上大量的信息使得受教育方获取信息很方便，单纯的知识传授不再是教育的主要途径。从广义的教育来讲，教育信息化不单要促进信息技术和教育教学的深度融合，更要创新发展方式，遵循教育规律，提升国民基本素质。具体要做好以下三点。

（一）在激发受教育者的主动性上下功夫

《中国教育现代化 2035》提出要利用现代技术加快推动人才培养模式改革，实现规模化教育与个性化培养的有机结合。梁簌溟先生认为教育的核心是对人的全教育，包括对人的情感、性格、人生观教育，然后知识教育才会有效。因此，在精神层面引导受教育者主动学习是教育信息化能发挥更大作用的关键，未来教育信息化工作者应该利用现代信息技术，分析和引导学生发挥自主学习能力，如基于大数据技术分析受教育者的喜好、基于推荐系统引导受教育者自主学习等，只有将信息科技融入人的精神层面，才能显著改变我国教育面貌现状，体现信息科技的力量。

（二）建设家庭教育、学校教育和社会教育的有机体系

《中国教育现代化 2035》提出要建设新型教育服务监管制度。教育服务不单单是学校教育，梁先生将教育分为家庭教育、学校教育和社会教育三个部分，家庭教育是言传身教式的，对受教育者的品质养成至关重要；学校教育注重知识的获取、交互和传递；社会教育注重生存技能的学习。在实际生活中，这三类教育是相辅相成的，但是却没有有机地联系起来。目前的教育信息化工作主要关注学校教育。通过信息技术统筹建立家

庭教育、学校教育和社会教育的有机联系，是推进个性化教育的关键，只有将受教育者的品质教育、知识教育和技能教育相结合起来，才能最大限度地发挥教育的作用。如今，通过网络能够将家庭、学校和社会这三个相互隔离的空间联系起来，通过技术手段个性化地分析问题、解决问题，促进学生成长。

（三）教育信息化要跟踪人的成长，对终生教育效果进行评价

《中国教育现代化2035》提出要推进教育治理方式变革，加快形成现代化的教育管理与监测体系，推进管理精准化和决策科学化。梁先生提倡终生教育，认为教育应该贯穿人的一生。目前的教育信息工作主要侧重知识的传递，教育信息化研究人员建立的评价机制多是对教学效果的评价，然而教育效果却无法评价。推进教育治理方式的变革关键是要评价各种教育方式的成效，而教育又是一个长期的过程，短期内无法进行评价。基于教育信息化可以跟踪分析一个人各个阶段的情况，建立大数据多元分析模型，综合评价教育效果，为国家制定教育方针提供决策依据，进而推进教育管理精准化和决策科学化。

教育信息化为我国教育事业的发展提供了强大的支撑，互联网、物联网、大数据、人工智能等信息技术的发展必会导致未来教育的深层次变革。本节根据梁簌溟先生的教育思想，分析了未来教育信息化的发展方向。教育信息化发展的本质是为教育提供更好的服务，未来不仅是学校教育，家庭教育和社会教育也需要利用信息技术来提高质量，从精神层面提高受教育者的主动性。同时，可以利用信息技术建立终生教育评价机制，从而引导国家教育政策的制定，提高我国国民素质。

第二节　面向智慧教育的教育"信息化"

在未来教育的个性与智慧培养诉求中，数字信息世界被寄予厚望。要在已有教育信息化工作基础上更直接地走向这个目标，需要多角度思考。信息化连通意识世界与数字世界。"智慧化"数字教育环境可作为科学地审视这一问题的途径之一，其要点在于从信息科学视角深化教育的信息化研究工作，推进教育信息的技术化过程。回顾教育信息化2.0的背景与智慧教育理论研究，有利于认清现实问题。优化并推进未来教育信息化工作可以成为对教育信息进行技术塑造的基本要点。教育信息化需要通过对教育信息的技术塑造连通教育意识与数字世界，进而使数字世界在教育信息的技术塑造中成长为智能化的、人性化的技术实体与服务形象。教育信息化的后续发展侧重教育信息的"流—

态"设计以及教育信息流通架构的思想、方法、策略和实施，通过"智慧育人"理念切实推进教育信息化 2.0 发展，积极响应"立德树人"教育改革政策。

教育信息化是将信息化手段作用于教育呈现出来的教育形态转变过程。智慧教育就是信息化教育转变的教育形态。智慧教育是一种境界，是一种系统状态；按其理论研究，可以理解为智慧方式与环境作用下的教育，或者是面向智慧、追求智慧的教育。其内涵表现为智慧教育的途径与方式及期望中的人的智慧。前者涉及如何达到智慧教育的方法论，后者指向教育的目的。"大教育"语境下，智慧教育的追求就是要通过提升"智能"水平，帮助受教育者形成智慧、完善人性与人生。伴随着各式信息技术形态的介入，如何在教育信息化后继推进中更有力地促进教育形态的转变与教育境界的提升，是个需要重点思考的问题。本节在回顾教育信息化历程的基础上，从大数据时代的教育信息科学应用着眼，基于整合教育发展目标、教育实践需要、学习科学理论、分布式技术架设与教育信息处理及教育数据规范等多层知识应用，提出应当对教育信息进行"流—态"定型，并在不同层面做教育信息流整合性设计，以通过教育信息数字流通为智慧教育服务体系的形成与完善铺平道路。基于教育信息技术塑造的教育信息化发展系统性架构，在逻辑上具备通达未来教育目标的理法条件，可为教育信息化 2.0 发展提供参考。

一、智慧教育

（一）智慧教育的含义

智慧教育旨在帮助受教育者全面、协调、可持续地发展其高智能、创造力，并形成智慧。在宏观上智慧教育具有适应于具体时代、能在一定程度上引领人类和社会发展的特点。教育信息化语境下的智慧教育更侧重"教育的智慧"，它指信息化教育的内容、途径与方式。它是通过构建智慧学习环境，运用智慧教学法，促进学生进行智慧学习，从而提升成才期望的教育。

智慧是指人运用知识的能力。能力是智慧的外显，相应地创新成为新时代智慧教育的外在体现。智慧的发展可以通过物态智能辅助加以提高。人类的认知、统计分析、观察、记忆、决策等在智能化辅助下可以得到更好的支撑，从而使其智慧效能得以提高。教育信息化所推进的智慧教育强调创建具有一定智慧特性（如感知、推理、辅助决策）的学习环境，运用智慧教学法（Smart Pedagogy）辅助学生进行智慧学习（Smart Learning）。在此环境中，学生可以对学习环境、生活环境和工作环境进行灵活地适应、塑造和选择，并在智慧服务帮助下利用各种技术参与实践活动，不断地创造价值。这个过程就表现为主体的智慧学习。智慧学习的目标是形成学习智慧，提高创新能力。学生可以借助智慧环境，按需获取学习资源，灵活自如开展学习活动，快速构建知识网络和人际网络。智慧学习孕育于智慧教育发展的土壤，将搭乘推进智慧教育的便车而与智慧教育共同发展。

（二）智慧教育的核心内容

智慧在本质上是人在意识与思维过程中知识结晶的体现，是心智过程的品质表现。智慧的中文意思是"能迅速、灵活、正确地理解事物和解决问题的能力"。智慧（Wisdom）在剑桥在线词典中的释义是"利用知识经验做出好的、善的决策和判断的能力"。可见，智慧表现为灵活、正确、迅速，体现为对事物、问题的理解、解决、决策与判断，价值取向是好的、善的，其基础是知识（储备）。

智慧教育追求人的心智品质，实践中要凭借具有智慧品质的智能化环境，利用智慧的方法开展智慧教学与智慧学习。即智慧的品质要求贯穿于教学和学习活动的全过程。对于学生而言，他需要通过发现、发掘，培养自己的智慧，发展并完善自我，形成属于个人的智慧脉络与智慧品质，从而更好地面对生活、贡献自我。而这些能力的形成有赖于智慧的环境条件、教学与学习过程。从环境与人的相互作用来看，智慧环境的作用表现为：人和物的智慧。前者是人与人之间的智慧作用，后者则是人与物之间的智慧作用。虽然在内涵上两种作用都有灵活的适应性，但还是存在差异的。如果环境具有智慧性，那么对于追求人的智慧的成长，无疑是一种更好的条件。作为外围环境和条件，人的智慧（教师等）可通过培训、专业发展等不断提高；而环境智慧（物的方面）或可依赖智慧计算。

作为智慧教育的重要条件，智慧学习环境将被植入基于学与教的原理的人类知识的结晶并智能化地服务于人类学习。如果说，智慧教育主要涉及智慧计算、智慧教学法、学习科学的智慧（学习）环境、智慧教学与智慧学习，那么在信息技术环境下，这些将集中体现在智能化模块，即智慧环境中的智能功能部分，它将融入教学法与学习科学中的规律、原理等反映人类智慧的知识结晶。作为重要部分的智慧学习环境，它辅助学习的功能体现在可以分解大量烦琐的、机械的、简单重复的学习任务，学生可以将更多的注意力、记忆、动机等投入到更为复杂的、更需智慧的学习任务中。这样，环境带来的额外负担将被化解，学生可以更专心于发展批判性思维、创造力、协作能力、平衡能力以及问题解决的能力。

智慧环境的创建和智慧教育的发展，终不能离开人的智慧的参与。推进中需要进行"人的智慧的电子移植"，使环境能够灵活、正确、迅速地启发学生理解事物、解决问题、做出决策与判断的品质，以帮助学生储备知识、发展心智。这是用人造智慧促进人的智慧的发展。换句话说，就是将人脑的功能品质移植于数字环境，使其以"达智慧"的状态服务于人的学习与生活。只是，相对于依赖智力的技术主义与技术实现，智慧教育更强调（默会）知识、创造力的综合运用以及心智运算向外部实践的转换，重视伦理道德和价值观在学习、生产和生活实践中的引领作用。所以，依赖于智慧环境的学习，只有结合价值观、生产实践、理性思考和所学的技术与方法，才能真正表现出智慧，逐步使人在学习、工作与生活中到达智慧的境界。合理的应用价值取向和尚善的学习动机是不可缺少的。

智慧教育轮廓清晰可辨，其目的、方向、组成和重点已经明确：智慧教育是一种新范式、新的境界，强调智慧环境，追求的是培养"智慧人"，途径是智慧教学和智慧学习。在技术上，智慧教育的设计与实现，有赖于大数据应用背景下的诸多技术，包括统计分析、人工智能、分布式计算等。实现智慧教育的途径、策略与方法等方面还需要不断探寻。

二、教育信息化的发展

在信息化教育发展中不断推进对新教育境界的追求，是我国教育信息化工一直在实践的工作。而近几年出现了较多教育信息化研究热点，包括翻转课堂、"互联网＋"、微课、大数据、智慧教育、云计算、数字化校园。它们代表了教育信息化发展的新阶段。

（一）教育信息化的发展主线

至今，教育信息化已经在一系列教育信息化政策、项目的引领下走过 20 多年。从网络与硬件设备配备、资源设计与制作、信息化网络与媒体环境建设到教育资源的改型升级、教师教育技术能力培训，教育信息化发展历程扎实稳进，不同时期各有侧重，整体上反映出阶段性变化的发展主线。

在信息化教育政策方面，《教育信息化十年发展规划》等多项政策与"农村中小学现代远程教育工程""三通两平台"等工程的实施，已经使我国教育信息化工作在基础设施建设、资源与标准化建设、设施与资源应用等方面快速地迈出一步。随着政策的更新与项目的实施，基础教育信息化发展成效显著，高等教育的基础设施建设、数字化资源建设、远程教育建设与实施已显现规模。已有的教育信息化建设，为信息化环境下的教育与学习发展提供了有力支持。

在信息化教育实施中，"国家基础教育资源库"建设项目、"全国中小学教师教育技术能力建设计划"及"国培计划"等项目的推行，为提高国家教育信息化软实力倾注了持续性力量。2006 年前后是硬件资源建设阶段，因此教育信息化开始更加关注资源建设与教师教育技术能力提升。在教育技术学专家深入总结并反思教育信息化发展后，技术回归教育和技术创新应用成为教育信息化发展的主调。当时教育信息化被认为已经步入以应用能力建设为核心的发展阶段，主要表现为学习方式与教学方式的创新与变革。

然而，技术的使用必然带来教育变革。研究者、决策者和实践者对技术应用的积极创新，以及教育机构与系统的革新，是教育信息化推进的焦点。专家指出，（当时）教育信息化推进中存在一些深层次、结构性的问题，包括观念陈旧制约了信息化应用的深层次发展，优质教育资源匮乏，信息化人才培养效率低下，教育信息化标准体系在实践中缺位，尤其是农村远程教育存在应用瓶颈。从信息生态的角度看，教育信息化推进要以人为本地系统规划，在技术消融的同时达到系统动态进化与互联，在学校组织结构优化与市场竞争体系不断创新中逐渐发展，即采用系统观和生态观来指导教育信息化的实践。也有专家从项目评估的角度指出，教育信息化的持续发展与规划需要以评估为依据，而项目的成本效益评估不可忽视。

2010 年，信息化领导力成为教育信息化研究的焦点，并形成一波小高潮。这预示着：深化信息技术应用要靠某种动力和能力推动。如此，信息技术在教学过程与资源中的应用将具有实践的向导与动力，教育信息化发展又前进了一步。研究认为，信息化领导力是教育信息化研究中的一个重要命题，虽然国内已进行了大量的研究与实践，然而相关研究还处于发展阶段。"信息化领导力"的学术关注度在 2011 年出现短暂回落，次年开始又迅速回升，呈上扬态势。这更加说明，技术应用的引领力量是信息化教育推进中的重要因素之一，扮演系统动力的角色。

在 2013 年前后，以微课、MOOC（慕课）、翻转课堂为代表的研究与实践，推进了教育信息化工作，使教育信息化进入了一个新阶段。在这个时期的研究中，研究者积累了许多在线学习经验。新技术及其应用形态的出现，为教育信息化发展注入了新的动力。从发展情势看，当前正处于"新技术"应用浪潮的高姿态上扬阶段。在五至七年的周期中，尽管批判之声已不绝于耳，其学术关注度是否会在近一两年从强势登场转向降温回潮，还有待继续观察。现在的慕课、翻转课堂、微课等研究的关注度还处于巅峰状态，不过就其本质讲，它们对于信息技术教育应用有着比较有力而深入的推动作用。因为它们涉及对数字教育资源新形态的创制和信息化环境下教与学过程的全新设计，这是教育信息化两个最基本内容。尽管后期会受到制约（如现行教育体制与格局），但这一点需要明确。

如果说教育信息化是围绕教育信息化情境下的重要因素进行的面向国民进步和未来新型教育生态的创造性建设活动，那么已有教育信息化工作已经经历了实体技术建设（基础网络、硬件设备、资源建设）、专业人力资源培养（能力培训、领导力培养）和技术与教育实践熔炼（技术整合应用）等重要时期，并逐渐形成了可贵的实践积累、经验教训。

2018 年被定为"教育信息化 2.0"元年。在教育信息化推行中已然有了新的框架与图景，主要强调基于信息技术的教学创新、基于互联网的教育服务创新和信息化时代的教育治理创新，以及大资源的开发、应用和服务，师生信息素养提升和融合与创新发展等方面的转变。这可算是又一波转折，尽管它承接了近十年的技术应用实践历程，但其共识更强烈、内涵更丰富、形态更多样、增长更有爆发性。最近的学界大会，都以高度浓缩的信息技术应用相关术语作为重要的应用议题。未来将有更多的技术形态，以更多方式参与教育信息化进程中，如教育大数据利用、人工智能应用、量化自我、全新虚拟技术应用等。不同形态的技术手段之间的组合与重构或将为教学与学习带来更加别样的体验。其中较为重要的是，比较于以前对实体技术的倚重，后期对已有技术的应用、改良和新技术的创造与使用都将以技术性智力贡献为基础要素，并以切合需要、符合价值追求为向度。也就是说，其技术特性要求更高、智慧贡献要求更突出，即软技术实力将是成就新阶段教育信息化结果的重要因素。新技术形态的出现表明了教育技术界对应用于教育与学习的技术的新创制，以及对技术应用的新认识。

（二）教育信息化的新航标

信息化教育是面向未来的智慧化教育，将基于网络环境而更加开放，更加重视学生个性化和多样性，注重引导学生主动探究和快乐学习，让所有孩子都享受到优质教育资源。它将更加强调终身学习并具有智慧特点。开放、多样、个性的信息化教育新格局，需要更为稳固、灵活的数字化学习环境和空间支撑，需要适切、优质的学习资源支持。而驱动并影响教育技术深度应用的技术形态与应用挑战已在近年的"地平线报告"中竞相显现。

根据 2017 版《新媒体联盟地平线报告》对教育技术应用的趋势、挑战与技术展望的分析，当前较受关注的有系统性学习要素、人的数字素养和新生技术形态三个方面。其具体的内容预示着，教育信息化推进中的教育技术应用倾向于造就一个数字化生态系统，其中涉及环境、方式、人、资源与作为人体延展的媒介与技术。它的部署暗示着对人才培养的渴望与苛求。未来的信息化教育或将变成融入人类智慧与灵性的"进化式"升级培育的超级系统。两份报告中指出了未来五年（2017—2021）影响基础教育变革的六项主要趋势、六个关键挑战及六项技术进展。

在 2014 年到 2017 年的"关键趋势"对比中明显可以发现，未来的教育技术应用越来越聚焦于学习。比较而言，数字化学习模式、可拓展的学习空间设计、关乎绩效的测量与深度问题以及学习生态文化的建立是一个体系化学习系统的重点。深度学习能力体系中，更是强调了主体学习中较为重要的因素：个性化、批判、创造、沟通与协作。

当前教育信息化的研究与应用，已经不像几年前那样主要以资源、学习方式与模式设计为直接目标，而是剑指基于数字化资源与学习过程设计的追逐智慧人才培养的高一层次目标。未来教育信息化推进中，对学习的测量与深化，对主体数字素养、知识更新与智慧创新的诉求将成为教育的直接目的。

三、教育"信息流"与智慧教育

要想以教育信息化发展智慧教育，必须在数字世界里找到现实的映射空间，并在其中建立数字交通设施。人类知识与主体学习只有在数字世界里运行通畅，才可以通过数字环境智慧地回馈到教育的"意义世界"里。无论是地平线报告的航标，还是智慧教育的理念与追求，其设计与实现需要在理论与实践上紧密结合，在信息层面进行转换与流通，并以数据形式存在于数字世界。

（一）教育的"信息化"

在教育信息化推进过程中，由于参与主体与实践"场域"的关系，大量的教育信息化工作都处于现象与知识层面。教与学的理论和教育技术应用等研究，都源于现实的现象与问题，并结束于由特定的方法与过程而获得的具有现实意义的结论。研究的结论终究处于知识层面，而非信息层面。之所以从信息科学视角看待教育信息化工作，原因有两个。一是教育信息化的目的是教育现代化与智慧教育，而实现教育现代化与智慧教育需要借助于信息技术与数字网络。信息在这两者之间具有桥梁作用，它可以连通教育的意义世界与机器的数据世界。二是"信息化"可将现实事务转化为信息，以便于信息在数字网络世界中管理、流通等。电子信息传输快捷的优势可以加速意义世界的运行。

如何将意义世界中教育现象与教育问题的研究转入信息层面，其中的关键就在于研究的过程。笔者曾与一位美籍华裔学者交流有关知识产生的问题，他认为知识的产生基本都遵循数据与证据研究的过程。也就是说知识产生的过程就是这类研究进行的过程，研究中所用的数据与信息，就是知识产生的基础。实际上，在美国多数社会工作中，都带有数据记录的任务。所以，这种基于数据与信息的研究，其中就包含着"信息化"的过程。而将众多研究过程的产品系统地联结起来，却是一个复杂而浩大的工程，并非一时所能完成。

教育信息化工作已经取得不少成绩，而且近年的实证研究也不断增多。但从长远目的和科学视角看，其中也存在根本性的问题，尤其是在数字世界的信息层面审视的时候。基于数据的实证研究中少有全面考虑区域或学校教育信息应用者，从而使研究中的相关信息过程不能产生"信息化"应用作为；基于证据的实证研究中大有缺少信息化视角与方法者，从而使"信息化"应用难以进行。实际上，信息化视角与方法不仅可以用另一种视角观察研究工作，还能使研究中的数据与信息处理更切实、更清晰，从而使研究工作更容易移植到实践"场域"。教育信息化推进中顶层设计时缺少信息化操作方略，使学校等推动单位无意着手相应的信息化工作。底层教育数据缺失，使教育信息无法在数字网络中流动。然而教育信息化研究与工作终究要在信息层面、数据层面进行操行。

（二）教育信息的"流"与"态"及其流通

从信息科学视角看教育信息化推进，必然存在"信息流"问题。课程、教学、资源、师生等诸多要素，以及教育管理、教育活动、教育应用等诸多活动，甚至包括学校教务、行政、后勤、基建等部门事务在系统化运行中会产生大量的信息。这些信息会向上汇集、向下通达，或横向传输、纵深融合等。而所有信息会在有序的教育管理和教与学的各项活动中形成一股股"信息流"。"信息流"是教育信息化中产生的教育各方面事务、活动等各类相关信息在支持完成教育现象与活动时形成的流动变化的集合体。信息在存储、流通、显示时根据应用场景所呈现的形态，就是"信息态"。"信息态"会随着运行事务、使用者特征、需要和技术限制而表现出不同的形态。信息流动过程中，各种异质、异态信息将发生形成、运算、转移、转换等各种变化。"信息流"将影响相关教育、教学、学习的活动在数字世界里的完成情况。而"信息态"作为各种教育信息在不同的源头、"驿站"、加工点呈现信息内容时的信息形态，一般会受到设备、操作需要、交互需要的影响，这也直接关系到信息在机器、数字与意识世界中意义的统一性与可理解性。"信息流"与"信息态"是教育信息化需要考虑的信息科学问题。

如果处于意识与现实世界里的教育信息化工作与智慧教育研究不能在信息世界里围绕相应的"信息流"与"信息态"展开，则信息化的结果难以通畅；更何况信息的流通与应用更要以数据流与数据形态为基础。信息的本质是客观事物之间及其内部联系的确定性或不确定性记录。联系是指事物之间及其事物内部诸要素之间的相互影响、相互制约和相互作用。钟义信教授的"信息—知识—智能"转换规律说明，信息正是在外部世界与认识主体相互作用的过程中展现它的全部运动规律，即本体论信息转换为认识论信息，进而转换为知识、智能策略和智能行为。所以，在信息化教育推进与智慧教育追求中，需要完成知识与信息的转换，以便在设计和实施中更加顺利地实现教育信息的数字操作与流通，从而加速信息化教育进程。

教育信息化实际推进中对"信息流"的研究相对匮乏。受信息化研究的规模、所遇问题的大小，以及实施的便利与成本等因素影响，"信息流"与"信息态"的研究并不乐观。这突出地表现在："信息孤岛"的问题一直没能解决就是因为信息形态不一、信息流通不畅；在教育信息化实践中和各级应用学校中，符合发展情态与目的的"信息流"与"信息态"并未形成；尽管教与学的研究已为数不少，但符合教育信息化预期、服务于"智能发展"的智能化服务框架在应用推行中并未找到很好的信息参照框架；智慧教育与教育大数据应用之间缺少应有的信息与数据空间，使得以数字网络与设施为依托的智慧教育无法在数字世界中建立配套的智能化方略与数字化体系。

　　不断发展的教育信息化需要以"动态演化"的方式不断向智慧教育发展。而"信息流"与"信息态"的研究与发展，也将随着不断地演变而逐渐形成可以扩大应用的套件，进而正式应用于智慧教育服务中。尤其是教育信息在数字网络中的流通，将随着不断发生的教育活动产生大量信息流。信息"流—态"的明晰也预示着适应教育发展需要的信息流架构与规则必将趋于成熟。同信息技术应用研究一样，这些都需要群体智力系统将知识、技术特性与其他客体作为参考因素。

（三）推进信息"流—态"与信息流通设计

　　智慧教育以智慧地培养智慧人为目的。教育信息化 2.0 也旨在开放、个性多样的环境中服务学生的个性与智慧成长。在新阶段的推进中要争取实现向大资源的开发应用服务、向提升师生信息素养和向创新发展的"三个转变"。这将主要依赖数字网络环境与数字教育资源。而从规模性群体效应看，数字环境与资源或可用来支撑大规模教育应用和加速指数级应用，这是信息化带来的发展优势。

　　教育信息化 2.0 是一项移植智慧的工程。长远看当以智慧教育环境孕育学习主体智慧，以教育信息转换、教育信息流通构筑智慧教育环境，以教育数据科学实现教育信息转换与通达，并以教育、教学与学习原理的科学研究指导信息"流—态"设计及其流向。只有这样，才能在动态演进中减少消耗，促进数字时代教育发展。智慧教育作为未来教育的理想状态，它的实现并不简单地取决于人们的意愿，而是由社会需求与技术进化的相互作用决定。当前的教育信息化 2.0 与后续的教育信息化 2.0 推进中，需要推动群体围绕教育信息的技术设计与数据实现等主要议题展开研究。

　　1. 个性智慧信息建模向智慧培养核心目标靠近

　　个性化培养是追求智慧教育的主要教育理念之一。智慧教育面向学生的智慧发展，而智慧离不开一个个独一无二、不可复制的生命个体。推进教育信息化，就要面向个体的智力培养，促进其健康成长和智慧发展。而信息技术的发展以先进教育理念为指导，强力支持学生的独立发展。使教育向着愈发全面、深入且具有教育与生命价值的教育信息化发展，具有打破计划统一、教法整齐、教材雷同、学程单一的旧教育格局的力量。从多样的研究到丰富的应用，再到充分的多功能技术支持，教育信息化越来越能够支持以人为本、面向个性化学习的新教育格局。

主体的个性智慧建模在文化与理念层面具有不确定性，但是在信息层面或许相对确定。而多样的个性智慧建模可以弥补信息化建模中对智慧成分的遗失。可以从教育理念与文化生活中寻找个性智慧的"种子"。

2. 架构智慧教育服务

面向智慧教育的教育信息化 2.0，需要为学习和教学提供智慧服务。智慧教育服务是智慧教育建设的软件，与其硬件环境建设相对应，它使数字教育资源与环境建设的目的与功用得以更为适宜地发挥。

智慧服务需要依凭已有和未来的研究成果。智慧教育新格局使教育逐渐从"施教"转向"提供服务"，使学生由"被教"的对象变成"被服务"的主体。面对不同的学习群体，不同的学习需要，不同的学习方式、渠道等，智慧教育教学服务在实践推进中需要有适当的教育教学理论为基础。承担重要任务的智慧服务环境要变成现实，就必然要把教育教学理论与科学规律转化为可与信息技术结合的形态，以便在信息层面上操作，这也是完成"人的智慧的电子移植"的关键。所以，结合理论与技术以形成可操作的方案，是信息化工作的重点。然而丰硕的理论成果有各自侧重的内容，焦点是教育的某一个或几个维度，某一个或几个因素。而面向个体、群体提供教育服务时，需要进行非常全面、系统的考虑与统合。

学习科学可以为智慧培养和智慧服务功能提供可靠的信息化设计依据。它是一个以学习为核心的重要的跨学科研究领域。它不仅为包括开放教育在内的整个教育系统的变革提供了全新的思想，而且为教育实践创新提供了许多新的技术与系统的教育干预。学习科学的任务有两个，即真实情境中的学习理解和在设计环境中如何更好地促进学习。以学习科学为基础，结合教育教学原理，可以为智慧教育教学服务提供现行或未来实施体制下服务框架的研究基础。如正式的课堂教学与学校教育实施中智慧服务的内容与形态，非正式家庭学习、校外学习和社会化学习中智慧服务的渠道、内容与形式等。

智慧服务中涉及大量的信息。教育信息的流通架构将为实现智慧服务展现清晰的脉络。其中的重点是智慧服务中将满足哪些需求，需要汇集哪些信息，需要用怎样的通路以齐集信息，进而进行判断与推理，给出建议并表达。在当前教育信息化格局下，可以依据教学与学习需要，分层架构信息流通结构，连通教育信息网络，为学习个体与群体提供便捷的学习机会、适当的资源、实用的指导和科学、客观的评测与反馈，以及正确可靠的咨询。

3. 教育信息"流—态"活化智慧教育环境与设施

智慧教育的目的及其服务引导下的信息流与信息形态最终可以通过教育数据与信号的流通"活化"数字化设施与环境。实现教育信息化目标、构建智慧教育及其服务环境，需要转化教育政策、举措、项目、工程等为信息形式教育数字应用。而这些数字应用以中间层的集群信息为对象，落实于相应的教育数据。随着教育中常态化、周期性与偶发性项目的陆续进行，多源多样的教育信息也逐渐成为规模有别，性质不同的信息流。稳定可靠的信息流体系涉及信息化设备、系统、平台的数据应用走向，可用来完成服务引导下的环境调控。而"信息态"是"信息流"的基础，包括信息的类型、结构、表现媒体、承载媒介等。信息形态研究的两个主要参照面是应用需求和技术实现条件。

智慧教育环境将是依托物联网、云计算、无线通信等新一代信息技术所打造的联物、智能化、感知化、泛在的教育信息生态系统。它通过提升现有数字教育系统的智慧化水平，实现信息技术与教育主流业务的深度融合，以促进教育利益相关者的智慧养成与可持续发展。而智慧化水平的提升、技术与业务的深度融合，都需要在信息流与信息形态等研究的基础上完成。即使有人工智能介入，也需要研究者完成诸多专业的信息化工作。

中国工程院潘云鹤院士在第三届中美智慧教育大会上指出，我国的教育信息化需要按照数字化、网络化、智能化的发展阶段推进；在新一代人工智能的战略实施中，队伍的组织和人才的培育是两个关键的方面；人工智能在教育领域的应用，需要多个专业领域协同攻关，实现教育的现代化升级。而逐渐形成的新型智慧教育环境的教育参与，能为"深化课程改革，落实立德树人"的教育改革提供基础与条件。智慧教育环境下能更快形成高校、中小学各学段上下贯通、有机衔接、相互协调、科学合理的课程教材体系，能更有力地架构与教育教学主要环节相配套的、协调一致的人才培养体制，能更有效地形成多方参与、齐心协力、互相配合的育人工作格局。这种支持与影响表现在"学生发展核心素养体系和学业质量标准的研制""优质教育教学资源的整合和利用""课程实施管理的加强"等方面。智慧教育环境的发展与实施，有利于实现人才培养目标，为"立德树人"提供更为便利、迅捷的渠道和阵地。

四、智慧教育信息化设计的应时推进

智慧教育是一项宏大的工程，其信息化推进需要在不同方面、多个部门有重点地落实。除注重顶层架构外，智慧教育更要关注底层的教育信息系统化设计，实际行动中可以从实验到应用、从少数到多数、从区域到各省地推进。在个体学校中，可以立足于已有的教育信息化工作，包括硬件、软件、培训等工作，在学校发展目的与合理有效的绩效指标的指示下从实际的学习、教学与管理活动及常规的、重要的业务中落实相应的教育信息化工作。

首先，智慧教育环境建设可以立足于学校教育教学实际，面向发展目标，通过多种分析展开。校园智慧服务环境中的信息"流—态"设计完全可以根据学校日常教育教学和学习及生活情况进行。从学习视角来看，智慧学习服务环境的一个重要任务是基于分布式学习系统和信息流通架构，在较多了解学生学情的基础上，包括学科学习状态、学习能力、学习风格等，结合情境感知信息进行处理与分析，并根据学生要求或系统自主预测模型提供学习建议、方案或资源。相应的研究工作可能聚焦于学习分析统计模型、学习数据挖掘、机器学习、知识工程和学习分析结果可视化等。操作中将涉及信息 / 数据采集、数据分析和结果呈现等几个部分。目前常用的一些学习分析技术手段包括社会网络分析、话语分析、内容分析等。同时，学习分析也面临着挑战，如从"大数据"中提取有价值信息的方法，安全性和隐私问题，学习分析模型设计，以及信息模型与体系架构等，都需要进一步研究。

在应时的信息化推进中，学校可根据自身实力做力所能及的工作。在"立德树人"的时风之下以用教育政策纲领指导智慧教育环境建设。可以在资源置办、媒体建设、终端配备等环境建设工作中，建立有特色的学科体系和教材体系，在新媒体、新技术运用中活化工作。学校可以通过一定的方式（如购买成熟智慧化管理、教学或学习的适应性系统，或者与研究机构合作设计并开发"校域"智能学习系统等），及时掌握各方面情况，调整工作实施方式，并根据需要调整目标。

其次，智慧学习环境发展可以从实验学校开始并在完善后扩大应用。作为一个系统性工程，智慧学习环境建设需要相当的成本，而且它的可用性也需要在实践中不断完善。现实教育不能背负过多的实验负担和风险，从实验学校生根发展是教育信息化集约型推进的一种方式，也是比较稳妥、安全的方式。发展成熟的智慧学习环境可以在整体的架构下，通过良好的结构与接口进一步推行。实际行动中可以针对实验学校的教与学需要，对智慧学习环境进行信息模型设计，并在智慧功能单元实际运用稳定后将智慧功能安装至智慧学习环境中。而符合众多教育需要的智慧服务功能单元集合，构成了整体智慧学习环境的雏形。实验性智慧学习环境形成中积累的教育数据与信息设计必然包括信息"流—态"的设计，其运行方式反映了信息化教育的业务需求与运行逻辑。

对于学校来说，无论是实验生产实用价值较强的智慧学习环境，还是应用脱胎于实验学校的可移植智慧学习环境系统，大都面临一个问题，就是怎么样将当前的工作与已有的信息化积累及学校的发展需求结合起来。这个重要问题关系到学校建设投入的实用价值最大化。但遗憾的是，这并不好解决。因为它依赖于学校已有设施、软件系统的功能和学校各类信息"流—态"的设计与架构。新政策的出台，往往指示了改革的任务与路径。在新方向指引下实施教育信息化，学校不仅可以关注到较新的推进策略，还能够了解更多智慧教育环境建设的信息、技术与产品。如果说意识与观念的更新是工作推进的重要步骤，那么新方向指引的开放视野自然能够使这种意识与观念正向循环。

再次，区域和国家层面需要提供智慧服务信息化架构。区域与国家的智慧教育服务是基于区域与全国教育现状，自上而下实施的教育供给与支持。其相应的智慧服务信息架构需要反映教育信息流向，从宏观支持教育决策与部署。智慧服务的上层信息化架构关乎智慧教育环境支持的大教育形态与质量，其存在是必须的。一者，区域/国家要具有完成大规模智慧服务环境的实力；二者，教育体制将决定智慧教育服务环境的服务取向，而且教育优化的诉求也要求区域或国家进行整体架构。

智慧型教育服务平台与服务网络的整体架构，取决于区域或国家对其智慧教育服务的目的、角色定位和服务内容等，实施中涉及中、下层信息的流动结构、口径、周期、流向等汇聚处理，以及信息的变换、分析与情态的诊断与推理等，且依赖设施与网络、软件与平台，以及功能性智能要件等。智慧教育环境服务于不同人群，关联众多的资源、交流、评测等，是一个宏大复杂的工程。

个体学校需要可参照、可依赖的教育信息"上层架构"，其中"管理域"和"教学域"的信息架构是两个重要的部分。学校的教育信息化工作，需要在符合管理需要和响应教育教学发展的前提下进行。可移植、可重用的教育信息系统架构，需要在学校发展目的与有效绩效指标的指引下，充分从实际的学习、教学与管理活动中梳理教育信息源、研究数据逻辑和管理业务逻辑，形成教育信息流通的生态架构，为智慧化教学与学习提供支持。架构的合理性、灵活性、强健性关系到其大规模的可用效应。优秀的智慧教育环境，应该可以适应教育政策与目标的调整，动态地准备服务内容并调整服务方式。而这依赖于相当高的信息形态设计与信息流通架构，需要多层次、多方面信息的技术塑形工作。

最后，创建智慧教育环境需要依靠众人综合运用已有知识成果以及软件、硬件技术。智慧教育环境要为学生或教育参与者服务，为他们提供必要的学习与工作支持。这意味着要把学习理论和教育教学理论融入数字环境的架设与教育信息系统的设计中，通过智力贡献把它们与软件、硬件技术结合起来，使服务环境具有智慧反应的能力。

无论是在国家/区域范围还是在个体学校，无论是上层架构还是底层设计，都要联通硬件、软件和人力等资源，形成功能完善、结构良好、运行强健的智慧环境，都需要结合多方智慧资源对部分或整体的智慧服务形态与系统进行深入研究。只有在思想及位、研究切实、设计充分、服务落实的情况下，才可能通过"流—态""软性"的智力贡献实现可行、可操作、可实用的教育信息化 2.0 环境、系统的建设与应用。中国教育学会钟秉林会长在第三届中美智慧教育大会主旨报告中指出，依托于信息网络的教育教学为化解新时期教育的主要矛盾带了新的机遇和挑战。未来，虚拟现实、增强现实和人工智能技术的发展及其与教育教学的融合，将给学校教育教学带来新的冲击。

从信息科学视角进行教育信息化分析，其目的是从信息层面切实考虑教育信息化工作，以便能切实推进。信息科学视角是指要从研究教育信息的本质与运动规律出发，厘清教育信息的获取、传输、表达、存储、识别、编码和处理的运动逻辑与变化过程，以通过信息层面的实施，完成教育活动中的需求与服务，进而推动或实现教育现代化。如果说信息科学以扩展或移植人类智慧为主要目标，那么信息科学视角的教育信息化研究定然是通向智慧教育的黄金大道。教育信息"流—态"设计，是转换教育、教学和学习领域研究的已有知识成果的工作，更是信息化教育、教学和学习活动内容与过程的工作。实现数字网络时代的智慧教育，必须从连接意识世界与数字信息世界开始，从教育"信息化"着手，结合当前教育教学与数字化学习的状态与需求，逐渐推进。

过去，教育信息化工作中有"服务"的姿态，但也不自觉地带有"教"的立场。而面向智慧教育的教育信息化 2.0，其个性智慧追求决定了其从"学"的立场提供"学习服务"的条件。这种"换位"为学生的智慧发展和个性发展提供智慧环境与条件。在"立德树人、智慧育人"的教育理想与追求下，智慧服务环境的作用将变得愈发突出。透过其功能性特点和智慧性特质，智慧服务环境不仅会影响与主体"沟通"的结果，还会泛起规模化效应。这在教育文化层面引起的变化会非常显著，在教育生态中产生的改变也会相当可观。

第三节　现代信息技术及其应用

一、信息技术的内涵

信息技术是以计算机技术、通信技术、微电子技术为基础的一门新兴的高新技术。广义地说，信息技术是人类对数据、语言、文字、声音、图画、影像等各种信息进行采集、处理、存储、传输和检索的经验、知识及其手段、工具的总和，它具有超速度、网络化、信息流、数字化、智能化和多媒体化等特点。具体来说，信息技术是指人类获取信息和处理信息的方法和手段以及人类获取信息及处理信息所采用的工具和技术设备。它分为两个部分：一是硬件技术设备，如印刷出版技术、音像视频技术、基于计算机技术的资源开发以及其他综合技术等，它们是发展信息技术的物质基础。二是软件，指通过计算机等设备实施的对象、理论构想和知识体系、研究成果。如为教育教学设计的计算机辅助教学软件、计算机教学管理软件、教学设计、资源管理、资源开发利用及一系列的相关技术。

在学科教育中信息技术的特点主要为：

（一）技术手段的数字化

信息时代以计算机和网络通信为基础，能将文本、图形、动态的图像、动画、声音等各类信息数字化地再现、存储、传递和处理。在学科教育中，数字化就是将教学信息存入网站或刻录入光盘，便于师生大量、反复应用。

（二）信息表现的多样化

多媒体技术可以使信息表现形式多样化，如通过文本、图表、影像、声音、音乐等集成来传递各种信息，使信息丰富多彩，有效刺激学生的视觉、听觉等感官。教学信息的多媒体化还可以使学习内容多元化、综合化和娱乐化，有利于获得最佳的学习效果。

（三）信息交互的智能化

交互技术是智能化的重要表现。人机交互功能就是人与计算机等媒体中的各种信息进行交互操作，特别是实时交互操作。计算机随时提供所需要的各种信息，如学生在学习过程中随时可以借助计算机自我评估学习效果。

（四）信息资源的网络化

随着网络的发展和信息高速公路的普及，网络提供的人际信息交互服务，使得在相同或不同时间、在相同或不同地点的个体可以进行动态信息交流。知识信息将按照不同学科、不同分类，在不同的地方由不同的制作者发布。在这个网络中，接受者和传播者不仅可以共享信息资源，还可以共同补充、更新和完善信息资源。

（五）远距离传播与实时传播

相对于电话、广播、电视等通信手段，计算机技术借助卫星通信和光纤通信技术。数字化信息传播具有传输距离更长、速度更快、范围更广、可靠性更高的优点。如网络教学中，教师授课通过网络传播，学生可以在异地实时接收。学生还可以通过人机交互有选择地接收信息，由被动接收信息转变为主动接收信息。

（六）信息技术的多元化

信息技术在教育中的发展是以多媒体技术为核心，以超文本和超媒体现代化技术手段为重要标志的。多媒体技术与信息技术的结合形成多媒体信息技术。多媒体信息技术是对文本、声音、图像、动画等信息进行综合处理的技术，它包括多媒体信息的传输、压缩、转换以及综合处理等。

二、信息应用技术

20世纪80年代中期以来，互联网得到迅猛发展并获得了巨大的成功，许多国家和地区纷纷加入互联网行列。1989年，欧洲粒子物理实验室万维网（World Wide Web，简称WWW，3W或Web）的出现，为全世界的互联网用户提供了一种获得信息、共享资源的革命性的全新途径，它是访问互联网的一种最容易、最流行的方式。1993年发明的WWW浏览器Mosaic以及后来Net Scape公司发布的Netscape Navigator，更是使互联网上信息传播如虎添翼，进而推动网络教学的发展。今天，互联网已成为世界上覆盖面最广、规模最大、信息资源最丰富的计算机网络。用户只要有一台计算机、一个调制解调器（Modem）和一条电话线，向互联网服务提供商（Internet Services Provider，简称ISP）申请一个账号，便可进入互联网，共享网上其他计算机系统中的资源。

互联网源于英语国家。目前，网上绝大部分信息资源以英语作为载体，信息平台也多为英语界面。据统计，万维网上82.3%的信息是用英语表达的。熟练地掌握英语是快速获取和利用信息的前提。在信息技术与学科教育的整合中，英语教师运用网络技术有着得天独厚的条件。尽管有可以驾驭的语言工具，但如何得心应手地利用网络技术仍是英语教师面临的一大问题。以下将简要介绍一些常见的信息应用技术。

（一）收发电子邮件（E-mail）

E-mail是互联网中最快捷、最方便的一种人际交流方式，它突破了空间距离和物体媒介的限制，极大地拓展了人与人之间的联系。E-mail是与他人联络的一个基本途径。收发者可以先将电话线与电脑连接，在电脑上安装一个E-mail软件，然后向邮局申请一个账号（即E-mail地址），也可以在某一个网站上申请一个免费E-mail地址，同时设置一个用户口令或密码。

E-mail地址主要由3部分组成：用户名称、@和机器地址。用户名称是用户在申请注册时自己设定的，中国人一般都用自己姓名的汉语拼音的声母或全称作为自己的用户名，也可以在姓名后加上自己的工作单位或出生年月；符号@是个位置标志，必须放在每个用户名后面；机器地址是接收函件的机器地址，结尾一般是 .com（Communication）或 .cn（China）。用户地址中每一个字母或标点符号都必须拼写得准确无误，否则发出的信件就会被退回。

（二）订阅电子刊物

万维网上有不少电子刊物可以免费订阅。免费的电子刊物只在线发表，不以纸张形式出版，并且能及时送达大量的、分散的读者手中。基于万维网超媒体的特征，电子刊物可以使文章包括更多的背景和链接。网络上有很多针对英语学生的免费电子刊物，例如，*Enjoy English* 是全球第一份中英双语、双码（汉语简体、繁体）免费电子杂志，每周发送。它的主要栏目有新闻英语、词汇辨析、谚语大全、英汉对照、词汇仓库、特别英语、英文教室。该刊是"中国电子杂志联盟"的会员刊物之一，十分适合初中级水平的读者。

（三）电子投稿和发表

互联网不仅可以提供丰富的资源，还可以为师生提供一个表现自己的舞台。当今，英语专业印刷版刊物相对较少，作者发表的难度很大。因此，电子投稿和发表不失为一个极好的途径，它能帮助师生通过互助共享发展自我，挖掘自我的无限潜力。投稿前，作者首先要研究刊物的需求和潜在的读者群，了解刊物读者的兴趣和需求，定位写作的内容，然后根据自己的写作兴趣和目的，选择相关的电子刊物，特别是要从网页或站点上了解约稿通知。约稿通知中一般包括刊物名称、读者对象、稿件类型、内容要求、稿件长度、体例格式、投稿方式、投稿地址等一些内容。了解刊物的出版形式（印刷或电子版）、出版频率（月刊、双月刊或季刊）、发行量、栏目、稿件要求和稿件录用率等信息。稿件要经过认真修改、加工、提炼和校对。写完后一般通过 E-mail 寄出，投给国内外电子刊物。

（四）网上交流

英语学生可以通过上网聊天来提高自己的英语水平。网上交流的硬件要求不高，与朋友互通邮件只需安装 E-mail 即可，要访问某个网站或在网上发布自己的看法，则必须安装浏览器。在网上打电话，要求配声卡和话筒，想与对方进行声像视频实时交流，还要配上电子摄像头等多媒体设备。实时讨论还需要相关的应用软件，群体讨论则需要使用 IRC（Internet Relay Chat）特别软件。

根据互动方式，网上交流可分为个人交流和群体交流。E-mail 是开展键友（ke 交流活动的有效途径之一。键友活动借助现代媒体工具，可以使人与人之间交流得更加经济、快捷、有效。开展键友活动时，教师应当帮助学生建立 E-mail 地址，决定键友交流的对象（国外或国内，同学或不熟悉的人），了解对方的地址；帮助学生理解键友活动的意义和作用，规定活动中使用英语进行交流，决定键友交流活动的组织要求（如时间、双方交流信件的频率等），帮助学生结成互帮互学的对子；讲解 E-mail 基本用法，包括从上机到收发信件等一系列步骤和诀窍；鼓励学生养成对来信立即回复的好习惯，培养学生合作意识和礼貌语言的运用。

（五）制作多媒体课件

作为一种有效的教学辅助手段，多媒体课件是以多媒体技术为基础的计算机辅助教学方式，能高密度、大容量传输教学信息。它通过直观、生动、新颖的图像、动画、声音、文本等方式刺激学生的感官，激发学生兴趣，引导学生思维，提高课堂教学效果。制作多媒体课件是英语教师的一项重要技能。目前，用于英语课件制作的软件很多，如 Power Point、Author ware、Flash 和 Director 等。

第四节　基于信息技术的英语教学

一、基于信息技术的课堂教学变革

实践表明，运用信息技术进行英语教学可使教学内容化远为近、化虚为实、化静为动、化抽象为具体、化宏观为微观，使英语教学从单一的模式向直观趣味性、艺术性和立体化模式发展。但是，如何将信息技术与英语教学整合是值得深入探讨与研究的课题。

信息技术对英语教学整合可以使课堂教学模式产生很大的变革。具体表现在以下几个方面。

（一）教学信息源的变化

学校和教师不再是唯一的，甚至也不是最主要的信息源。随着现代传播技术、多媒体技术和网络通信技术的发展，大容量光盘百科全书、各类软件、原版 VCD 电影、电视教育节目、外语新闻节目、网上外语课程、国际互联网等，逐渐被运用在教育中，学生可以从更广泛的途径获得比传统课堂更丰富，比一般外语教师更地道的外语信息。

（二）信息类型的变化

信息类型变化主要包括信息载体形式的变化和信息内容组织方式的变化。信息载体形式的变化是指从文字印刷方式的优质课本，到电子方式的音像制品和幻灯片、电影，再到数字、网络方式的教学软件和数据库等。信息内容组织方式的变化是指从相互独立、线性序列、标准统一的课本教材转变为具有高度集成性、交互性、个别化和智能化的教学软件。丰富多样的组织方式改变了知识获取和建构的方式。

（三）信息流向的变化

以多媒体技术和网络技术为标志的现代教育媒体技术，使教学媒体与教师（活媒体）构成一个学习环境，将教学信息组织成一种网状结构。信息的流向和控制是双向多边的，教师和学生同处在信息接收与发送地位。在英语课堂中，教师的主要作用不再是直接提供语言信息，而是组织语言信息、创设语言情境、激发交际需求和学习兴趣，引导探究学习活动。信息流向的改变和控制的多边交互对教师提出更高的要求。作为整个教学方案的设计者和学习活动的指导者，教师是课堂教学成功的关键。教师的教学思想、教学目的、教学方法和风格，以及教师对学生需求的了解、对电脑设备的熟悉和操作熟练程度都会影响教学效果。

二、基于信息技术的教学模式

计算机多媒体技术的应用打破了传统课堂模式，取而代之的是一种开放的、大信息量和充满活力的新概念模式，这些新技术对传统的英语教学提出了新的挑战。教师在信息技术和英语教学的整合中，应把信息技术作为认知工具，为学生营造发挥创造潜力的课堂教学环境。教学活动设计的基本出发点在于促进学生与教师之间、学生与学生之间的交流，使学生积极投入到英语学习中来，充分发挥自己的积极主动性，提高课程学习的参与度和交互性。

基于信息技术的英语教学模式有以下几种：

（一）演示型教学模式

英语教学中的演示型教学是是一种较为基本的教学方式，指采用多媒体的表现形式，利用 Word，Power point 等编写演示文稿，将教学主要内容、材料、数据、范例等显示在屏幕上，以辅助教师讲解。演示型教学需要一台电脑，配合投影仪和话筒，教师根据教学目的选用一些现成的多媒体教学软件，或自己动手制作多媒体课件，通过超级链接功能把声音、图表、剪贴画或其他相关文件插入或链接到演示文稿中。课件演示手段集视、听、说为一体，教学过程显得生动活泼，有利于突破教材的重点和难点、优化教学过程、创设情境、激发学生的情趣、充分调动学生的学习热情、提高教学效率。例如，在教高中英语教材（SEFC）第一册第 26 单元（An interesting Life）时，可从 http : // www.bobgeldof.com/ 网站搜索关于流行歌手 Bob Geldof 的资料，如他的代表作（*Do They Know it's Christmas*）以及一些反映 Bob 义演的画面，编成一组"幻灯片"，并配上录音。教师在课堂上展示这些资料，不仅可以增强学生的感性认识，还可以让学生就这些材料在课堂上讨论，帮助学生感知、想象和理解。

决定是否采用某课件的依据是：课件的教学目标是否与课堂教学目标一致；学生知识水平是否达到课件需要的程度；课件是否有助于提高教学效率；课件能否引起学生的兴趣并使学生积极参与；课件是否具有较好的交互性能和超文本链接功能。

教师应把多媒体由讲解演示的工具转变为学生认知的工具，避免把信息技术仅仅作为一种播放工具或用来展示知识内容的工具。但是，我们经常发现不少课件存在缺陷。有的课件过分追求多媒体的音响效果，在课件中插入鼓掌声、怪声音或过多的音乐，这不仅不能增强教学效果，反而会妨碍学生的思考，干扰课堂教学。有的课件追求华丽的界面，采用比较亮丽、鲜艳的色彩或与教学内容无关的画面，这不仅会冲淡主题，而且会分散学生的注意力；也有的课件重演示现象、说明问题、传授知识，轻揭示过程和培养能力；还有的课件以教为主的教学设计多，以学为主的教学设计少。演示的课件应当体现有效性、适当性和效率性。教师在教学中要注意，不能过度使用投影仪，屏幕投影的时间最好控制在半个课时内，应压缩教师的讲述，把时间留给学生，增加学生与教师、学生与学生的互动。千万不能把课堂教学从传统的"一言谈"转变为现代教学技术伪装下的"屏幕谈"。

（二）网络辅助教学模式

以计算机为基础的现代信息技术不仅是教师演示的工具，还将逐渐成为学生获取信息、研究问题、培养能力、增长知识的辅助手段。网络辅助教学模式是指学生在教师的组织和指导下，借助网络计算机进行集中学习的一种教学方式。它利用多媒体技术的交互性特征，使人机之间实现直接双向交流，促进学生积极、主动进行探讨式或发现式学习，使学生通过自己的思考及在网上寻找信息、寻求答案，从而提高他们的思维能力和创造能力。

网络辅助教学模式是伴随多媒体计算机语言实验室而出现的，它可以分为局域网教学模式和广域网（互联网）教学模式两种形式。目前很多学校都建成了校园宽带网，为在互联网上学习或下载、开展交互性教学提供了很大的便利，并应用于多种语言技能的训练。在听力教学中，教师需要先从网上下载一个播放器（Real Player），利用播放器进行网上实时与即时电视广播的收听与收视。Real Player 8.0 的界面上标有多个新闻媒体和娱乐公司的链接频道，只要用鼠标双击这些频道图表，计算机就会自动链接这些频道并在播放器的右边显示屏幕中播放的声音和画面。引导学生上网进行听力训练有助于学生接触大量地道的语言材料。

互联网的资源非常丰富，教师可以为学生提供学习网站的网址，让他们在互联网上浏览、阅读。这种方法比较适合课外的阅读练习，以扩大学生的阅读量，提高学生阅读能力。但是，高职学生英毕竟语词汇量有限，识辨能力不强，如果把他们扔到浩瀚的网络海洋中让他们自己汲取知识，他们进入阅读网页后面对屏幕可能会不知所措，不知道该读哪些文章，难免浪费时间，达不到阅读的目的。因此，网络辅助阅读教学时，教师应根据教学目的以及学生实际情况，选择阅读文本，制作网页，将互联网缩小化，让学生在教师设计的局域网上阅读。

通过 E-mail 进行网络交互答疑也是网络辅助教学的手段之一。E-mail 可以将教师与学生，学生与学生紧密联系起来，实现师生和生生互动。可以在网络教学系统中安装电子信箱，让学生利用 E-mail 形式提交作业或向教师提出问题。如果学生在课堂学习中或在课后复习时有什么问题，可以随时点亮网上"答疑按钮"，屏幕开出一个 E-mail 窗口，学生可通过该窗口将问题用 E-mail 方式寄给教师，教师在线解答学生提出的问题，也可布置作业和发布信息等。如果学生提出的问题有普遍性，可以将问题放到网上的教学系统中，供所有学生参考。如果问题只针对某个学生，则可以直接将答案通过 E-mail 寄给学生。学生也可以 E-mail 的形式在网上进行探究和讨论。网络辅助教学有助于开展协同学习与合作学习。

（三）虚拟现实教学模式

虚拟现实（Virtual Reality）是指利用多媒体技术模拟一些现实中不存在的情景或难以在课堂上实际体验的事物，使学生身临其境，易于集中学生的注意力，增强教学的效果。

虚拟现实技术超越了时间和空间、静止和运动、语言和形象的障碍，能模拟现实情况下难以实现和完成的任务，变静态为动态、变抽象为形象。这种直观新颖的知识表达技术是常规教学手段无法比拟的。例如，在视听媒体的辅助下，设计学生在国外生活或学习的情景（如在商场购物、在飞机场迎接客人、在医院看病、在街上乘坐公共汽车等），要求学生与不同的外国人进行对话，进行虚拟情景训练。这种训练方式利用了计算机的优势，临场感强，对提高学生对环境、学习内容的适应能力具有很重要的作用，尤其适合于口语教学。

虚拟现实是多媒体模拟技术发展的方向。制作虚拟现实并不复杂，只需要一部数码相机和 Real Producer(流媒体制作软件)，就可以模拟虚拟现实的情景。多媒体语言实验室一般都具备这种创设学习、训练环境的能力。

第五节　基于在线方式的 E-Learning

一、E-Learning 的背景与内涵

1997 年 10 月，美国 CISCO（思科）公司运用 E-Learning "电子学习"理念，启动了以 CISCO 网络技术学院为载体的互联网人才培训计划，旨在提高企业员工素质，以适应经济快速增长的需求。不到四年，CISCO 网络技术学院从最初的 64 家被迅速克隆增长到 7000 家。目前已经有 60% 的美国企业以 E-Learning 的形式培训员工。

E-Learning 又称为在线学习或网络学习，它由三个要素组成：多媒体格式表现的内容；学习过程的管理环境；学生、内容开发者和专家组成的网络化社区。E-Learning 必须借助互联网技术、设计学习内容和管理服务三方面的支持。这种学习方式依托互联网多媒体技术平台，借助网络学习资源、网上学习社区及网络学习环境，汇集了大量的数据、档案资料、程序、教学软件、兴趣讨论组等学习资源，形成了高度集成的资源库，通过网络把学习资源传送到学生面前，使他们可以随时随地进行学习。

E-Learning 之所以能在短时间内快速发展，是因为它有许多得天独厚的优势：

E-Learning 是一种最具开放性的学习方式，它消除了时间和空间的障碍、拓展了学习的时空，在任何时间、任何地点，可以为任何人提供学习机会。E-Learning 打破了教与学在时间和空间上的不可分割性，它可以走出课堂，不受铃声和作息的限制。因此，E-Learning 不仅适合在校学生的课内课外学习，也适合在职员工的终身学习。E-Learning 降低了学习成本，大大节省了学生在各方面的开支。研究显示，相比于面对面讲授或培训来说，E-Learning 会节省 70% 的费用。

E-Learning 引领学习时尚，有利于学生及时获取最新的信息。有过这方面学习经验的人都一致认为，E-Learning 总能在第一时间把最新的、内容活泼的、富有趣味性的信息传递给学生。而且，由于有名师或名家参与设计学习目标和学习内容，有专业人员的导航，学生可以获取更多知识和技能，大大提高了学习效率。

E-Learning 是个性化学习，它有利于培养学生自主学习的意识，提高学生之间的协作和交互能力。以在线方式为主要特征的 E-Learning 不仅仅是经济模式变化和信息传递方式变化的结果，也是信息获取方式变化、学习方式转变的结果。基于上述认识，有人把 E-Learning 的优势简要地归纳为四个 R：

·Reach—E-Learning 能够吸引广泛的学生；

·Reduce—E-Learning 能够降低学习费用；

·Retain—E-Learning 能够使学生的大脑保持大量的知识和信息；

·Result—E-Learning 能够直接推动学生自主发展，转变学生的学习方式。

二、E-Learning 的实施

（一）自主学习

E-Learning 为学生提供了一个广阔的学习空间和崭新的学习手段。所有人都处在同一个信息网络之中，知识的传播、扩散、交流、共享和增值在信息网络中可以得到实现。学生也可以利用 E-Learning 手段，根据自己的需要来选择学校、教师、课程和学习方式；根据自己的知识基础和特点自由地选择合适的学习资源。按照适合自己的方式进行学习，学生可以获取比课本更丰富、更新鲜的知识和信息。信息技术应用于学习，把学生单一接受知识的途径改变为多元化方式，为培养学生创造性思维、进行创新教育提供了良好技术保障。多样性和灵活性的学习形式有利于激发学生学习的主动性，使他们的学习方式发生变化。从学生的自主学习方式来看，自主学习可以分成两个方面：一是，学生把 E-Learning 作为自己课堂学习的补充或辅助；二是，学生以在线方式注册报名学习某种网络课程。

E-Learning 为学生自主学习创造了前所未有的条件，赋予他们选择学习内容和形式的主动权，因而备受教师和学生的欢迎。目前，越来越多的学生运用电子手段、电子教材或通过网络上的 E-Learning 系统来学习词汇、语法，或训练听、说、读、写等语言技能。

网络学习是在校学生系统学习英语课程或在职教师提高学历和业务水平的有效途径。学生也可以注册进入网络课程教学系统的"教学"区，通过登录、身份确认，获得完全个性化的学习环境，即拥有个人的信箱、笔记本、课程表、指导教师、讨论组、公告栏等，在网上查阅信息、听讲课程、完成作业练习或进行考试，整个学习过程都在网上进行，既方便又实用。学生可以知道自己的学习效果和进度，还可以与教师、同学交流，不上课的时候还可以在网上温习课程内容，或者做一些互动式练习。

学生只要进入 E-Learning 系统，就很容易找到合适的网站、相关网页和所学课程，网页上不仅有学期设置、课程安排、学习重点，还有相关搜索链接，用来选择学习的内容。在 E-Learning 系统中，学生可以按照自己的日程表有效地安排学习时间，根据自己的实际水平安排学习进度，选择学习内容的难易长度，制订复习计划，也可以从局域网内容跳到广域网内容。即使是初学者，也可以根据自己的情况安排学习进度，而不会感到丝毫压力。有的网页除了提供在线的文本内容外，还辅以音频、视频和动画，生动地表现文本内容。在有网页提供的课程章节中，除了有学习目标、术语表和小测验外，还在每节下面设置了相关内容的超链接，学生很容易找到更多的内容，有利于进一步学习。

（二）合作学习

合作学习是指师生、生生之间的合作与互动，体现了学生的主体性和教师的主导性。在 E-Learning 模式中，学生的主体性表现为学习的积极性和主动性；教师的主导性表现为正确引导和启发学生学习。在 E-Learning 环境下，教师要培养学生获取知识的能力，向学生推荐方便快捷获取信息的 E-Learning 途径，教学生如何查询和获取所需的信息和知识，如何处理、分配和使用信息，因此师生之间的合作与互动显得特别重要。

教师可以利用局域网和广域网，设计和指导学生开展 E-Learning 活动，传授在网上 E-Learning 的操作技能，如收发邮件、选择学习内容、求教各种学习问题等，帮助他们熟悉 E-Learning 的各个环节。教师还可以在线辅导答疑，批阅作业或试卷，监控学生的学习并及时给予反馈。师生之间、生生之间可以在网上交互讨论，发表意见和观点，学生有不明白的地方，还可以在网上与教师和其他同学讨论。研究表明，基于在线方式的 E-Learning 能够利用信息技术实现多种互动和协作环境，学习效果比传统课堂的互动效果要好得多。

（三）资源共享

E-Learning 系统遵循开放、平等、交流与共享的原则。学生在 E-Learning 中学习，不仅是简单地从网上获得知识或单向地享用 E-Learning 系统中的知识和信息，还可以对各种信息进行加工、处理、修改和重新组合，或发表自己的看法，也可把自己收集的知识资源添加到网络资源库中，加快知识更新和知识转化的速度。由此可见，E-Learning 系统是在网络上建立交流的学习平台，学生可以在这个平台上交流与共享知识，并且从中获取更多的信息。

第二章 高职英语的教学现状

第一节 高职英语的课堂教学模式

一、信息化环境下的高职英语课堂的教学模式

信息技术的快速发展，将世界变成了地球村。原来象牙塔里的学生远离现实社会，人际关系、思想都比较简单。可是5G时代的到来，彻底地改变甚至是颠覆了原来的大学生的生活。在宽带和技术支持的情况下，我们可以通过这个集成许多功能的终端，随时随地通信、下载需要的资料、上网购物。作为高职院校的大学生，他们的生活是怎样被颠覆的，互联网时代对他们的英语课堂学习是起到促进作用还是形成了阻碍？下面笔者将从互联网时代，高职学生课堂学习的现状以及相应的对策方面进行阐述。

据笔者了解，全国高职院校的情况都是相似的，高职学生大部分来自普通高中，一些来自职业高中，还有一小部分来自中专。由于这几年高职院校的生源来自自主招生，导致学生之间的差距变得更大。同样是普高的学生，经过高考选拔的学生与没参加高考的学生不仅英语基础有差距，对待学习的态度也是大相径庭。尽管在调查学生学习英语的兴趣时，约97%的学生都认为学习英语是有必要的，但部分学生的英语水平却是非常低的，他们也希望能够学好英语，希望教师能够从零教起，而这种教学方法又无法满足成绩较好的学生的需求。另外高职学生的注意力也不集中在课堂上，课堂上他们注意力集中的时间和幼儿专注的时间差不多。大部分学生的注意力集中手机上。他们拿着手机在网络世界里遨游，打游戏、看视频、网络购物、看小说。上课时间如此，下课更甚。除了必要的吃饭睡觉时间，学生基本上都离不开手机。

目前，由于学校资金不足，不能满足每门课都在现代化的多媒体教室上，因此大部分教师运用的教学模式还是原始的黑板加粉笔的教学模式。落后的英语教学设施加上高考英语改革的传闻，使很多高职院校对英语学科的重视程度直线下降。相关文件规定，高职院校要经过180~220学时的教学，使学生掌握一定的基础知识和技能，而有些高职

学校给学生开设的英语课程最多只有 144 个学时。

部分英语教师的教育观念落后，对高职英语教学的基本特征以及特殊性认识不足，一味地照本宣科，难以满足当前以就业为导向的英语课堂教学。此外，最近几年高职院校的学生数量也在不断增加，大多高职院校却依旧采用传统的"齐步走"的模式，依旧按原来的模式教学。没有根据学生的基础和需求因材施教、"对症下药"。同时由于教师的传统角色未改变，课堂上依然是教师为主、学生为辅的机械式学习方式。高职院校的学生应该具有一定的听、说、读、写、译的能力，在涉外交际的日常活动和业务活动中进行简单的口头和书面交流。但是传统的教学模式无法让学生在课堂上训练，不能激发学生的学习兴趣和运用语言的能力。

除以上因素外，高职院校的英语教材及评价体系也存在一定问题。高职院校使用的英语教材，有的应用性较强，但是词汇量较大，学生学习起来有困难，容易使失去信心和耐心；有的教材很简单却又不系统，没有逻辑性，很不实用。学生希望教材既实用又贴近生活。传统的评价方式也是"一刀切"，以考试成绩为主要的评价方式，课堂表现为辅。导致成绩好的学生有积极性，成绩差的同学缺乏参与机会，因此成绩差的学生无论课堂上的表现还是卷面成绩都不能让人满意。

笔者根据以上提到的目前高职英语教学中存在的这些问题，结合自己的教学经验，提出以下改革建议。

第一，根据学生基础，实行分层教学。2014 年教育部副部长在主题为《深化职业教育与继续改革》的会议上提出了职业教育到 2020 年的发展目标，即"建设中国特色世界水平的现代职业教育体系以就业为导向的现代职业教育体系内涵，明确各级各类职业教育的基本定位，打通从中职、专科到研究生的上升通道。"然而，由于学生的基础不同、需求不同，因此教学目的自然也不能完全相同，"一刀切"的混合教学模式无法满足当代"以就业为导向的现代职业教育体系"。所以应该根据学生的基础进行分层教学，高考统招的学生依据他们的高考英语成绩来分层；自主招生的学生，英语组统一出卷，全校再统一考试，依据成绩分层，且所有的工作要在军训期间完成，不影响学生上课。除了要给学生发放配套的教材，还要根据学生的需求，实时调整教学内容。把学生分为 A、B 两个等级。A 班的学生基本上用全英文教学，学期期间根据学习的进度配有笔试和口语的考核。他们需要参加全国大学生应用英语能力考试，同时鼓励这些学生参加省级大学生英语知识竞赛、学校的口语大赛、英语讲座。

B 班的学生英语基础相对薄弱。针对这些学生，教师应采取情感投入法教学，刚开始教师只用简单的口语教学，从认识学生开始，与他们做朋友。告诉他们上课必须要遵守的原则，因个人原因用手机玩游戏、看小说的同学，第一次发现必须表演一个节目；第二次再有，手机放在讲台上，下课归还。这样做，除了个别的学生有抵触心理，大部分学生还是可以接受的，他们都很希望自己受到重视。光要求纪律是不够的，还要从教学内容、教学方法和教学手段上下功夫。笔者一般会用 PPT 来呈现自己的教学内容，大多是学生感兴趣的娱乐新闻，中间多一些播放的效果，这些都是学生感兴趣的。提问的问题很简单，让学生回答问题的时候会做许多铺垫，他们用短语和词就能回答。同时，鼓励学生自己做教师来讲课，笔者会和他们共同准备需要的内容，给他们增加学习的信心。B 班从零开始学英语，从复习音标开始，伴有阅读，内容不太难，否则会让他们有挫败感。让他们将不认识的生词用音标标注出来。充分利用现代的互联网终端，让其为课堂服务。

第二，整改教材与师资队伍建设。英语课程的教学目标是"培养学生的语言应用能力"。教材的改革也是高职英语课程改革中的一个重要部分。目前大部分高职院校只开设了基础英语课程，没有专业英语课程。基础英语的教材是听、说、读、写为一体的比较笼统的教材，缺乏科学性和针对性的训练。因此，笔者根据教学目标，配合分层教学，将新型教材分为交际教程、应用文写作教程、阅读教程三个系统，并且根据专业将专业英语融入以上三个教程。三个教程的知识和训练必须遵循从基础英语向专业英语的过渡，由浅入深、循序渐进。

对于英语能力要求较高的酒店与导游等专业，我们可以增加英语课程的学时，加大交际课堂教学的课时比重，针对性地加大交际英语的口语训练。对于这类专业的英语基础较差的学生，需要额外增加阅读训练。外语协会的学生可以建立互帮互助小组，这样可以让学生之间互相帮助，提高整体英语水平。随着每年新生的实际情况及就业对专业需求的变化，要及时对各专业英语教学内容及计划做相应的调整，保持教学计划和教学内容的科学性和灵活性，使其适应高职教学目标，从而建立一个具有高职特色的，科学、灵活的高职英语体系，突出英语教学的专业性。

除了教材的改革，我们还要加强师资队伍的建设。专业英语融入基础英语，这就需要教师具备相关专业的英语知识，建设具有高职特色的"双师型"教师队伍。同时要加强师资培训，分批派出英语教师参加教育部组织的"国培"或"省培"学习，以完成师资队伍建设。

第三，做好评估体系的改革。传统的评价体系有其自身的不足，网络环境下的高职英语评价体系需要有所调整。学生自我评价、学生相互评价、教师评价的多元化评价体系，不仅可以让学生看到教师眼中的自己，还能看到同学心中的自己。这样对学生及时发现自己的不足，调整自己的学习态度和计划会有一定的帮助。同时，这个体系也能自我鉴定、自我约束，从而起到自我完善的作用。这个多元化的体系不仅有对学生的评价体系，还有学生对教师的评价体系，这对教师的教学态度、教学内容、教学效果能起到很好的监督和促进作用。

互联网环境下的高职英语课堂教学改革，一定要满足高职院校培养应用型人才的需求。从教学大纲、教学目标、教学内容的制订到实施，都要加强实用性和实践性，注重培养学生实际运用语言的能力，使学生能够进行简单的口头交流和书面交流。要让学生学以致用，真正地培养现代职业教育体系的应用型人才。

二、教育生态学视域下高职英语课堂的教学模式

教育生态学具有一定的客观规律性，并且通过研究教育与外部环境及内部结构的联系，掌握教育活动的基本规律。教育生态学中的迁移与潜移率是指教育生态系统中的物质流、能量流以及信息流在宏观上表现为径流，并且能够明显地迁移，而在微观中表现为潜流，具体为不明显的潜移。例如，国家向学校进行教育拨款为径流，而从学校下发至系、部、教师个人便从径流演变为潜流，在转换的过程中需要人们的知识及能力。

（一）教育生态学内涵论述

1. 教育生态学的基本内涵

教育生态学是指将教育与生态环境相联系，并以相互之间的关系及机理作为研究对象的一门现代化的学科。教育生态系统是较大的生态圈，其中大至国家范围的生态系统，小到以教育为中心的各个环境系统。生态学中将教育的研究对象分为四个层次，即个体生态、种群生态、群落生态以及系统生态。教育生态学认为，生态群体的规律性迁入和迁出既是教育生态系统最为基本的结构规律，也是教育事业发展的必经历程。在教育生态学的研究中，教育活动主导着思想和计划的变动。因此，在教育教学中应注重实践活动的开展。生态教育系统中的良性循环十分重要，其中包括依赖初始教育、成人教育、基础教育等，并且教育系统所依赖的客观环境也是良性循环中的重要组成部分，即社会、经济、人才等。

2. 教育生态学的主要规律

教育生态学中，富集与降衰是其主要发展规律之一。教育活动中的富集度越高，能力富集的现象会越多，继而会造成不同程度上的浪费。教育生态的平衡和失调是教育生态理论中的核心理论，是维护教育生态平衡的重要内容。竞争机制与协同进化是教育生态学的重要内容，无论是国家还是学校，教育生态系统内群体、个体之间的竞争总是优

胜劣汰，因此在教育中渗透竞争机制是推进教育者及受教育者持续发展的动力。竞争可以促进教育事业的改革发展，使得各个学科之间交叉渗透相互影响，继而提高教学活动的质量及水平。

（二）教育生态学视域下高职英语课堂的教学现状

1. 教学理念滞后

传统的高职院校的英语教学活动中，教学理念存在一定的滞后性，教师的教学目标和教学构思受传统的教学模式影响较深。首先，传统的英语教学模式对于学生的英语实践能力及应用能力培养存在缺失，教师更加注重学生的考试成绩。因此，应试教育背景下的教学活动缺少一定的有效性及实践性，学生在学习活动中缺少主动性和积极性，无法充分发挥主观能动性学习英语知识。教育生态学视域下的高职英语课堂教学模式，将会提高课堂英语教学的质量。其次，教育生态学认为学生知识的学习呈现演替式规律，即螺旋式上升和波浪式的发展，因此在教学活动中应更多地尊重学生的学习规律与客观学习需求。最后，在新时期的社会背景下，高职院校学生具有一定的自我意识及思考能力，因此将会有更多个性化的需求。但传统的英语教学活动中教师的教学理念过于固化，主要以课本内容为主，因此学生的客观学习规律与学习需求之间不协调，继而无法满足高职院校学生的学习需求。

2. 教学模式陈旧

教学模式的传统及滞后是影响学生学习兴趣以及教学有效性的重要因素。首先，高职院校的英语教学活动中学生主要处于被动接受知识的地位，并未发挥学生英语知识学习中的主观能动性，因此，学生在英语知识学习活动中的兴趣和热情较低，学生的英语能力并未完全提升。其次，教育生态学视域下高职英语课堂教学模式应更加注重实践活动及全面性发展，但传统的高职院校的英语教学活动缺少学生实践活动的机会及时间。在教学活动中，更多的是教师带领学生学习课本之中的英语知识，因此高职院校学生的英语应用能力和跨文化交际能力存在缺失。最后，高职院校的英语教学活动缺少个性化的教学理念及教学方式，由于学生的成长环境和学习能力存在差距，因此具有普遍性的学习内容并非适合所有的高职院校学生。鉴于此，教师在教学活动开展之前应先了解学生的基础能力及学习需求，继而开展具有针对性及合理性的英语教学活动，实现有效的英语教学。

3. 师生关系紧张

教师是教学活动的主导者与组织者，教师的教学能力和教学理念对于高职英语教学活动的质量有着极大的影响。在教育生态学视域下高职英语课堂教学模式的研究中发现，教学中教师与学生之间的关系过于紧张，缺少互动与交流的环节，因此教师对于学生的了解和学生对教师的依赖性较低，继而导致英语教学活动的质量及水平有待提升。教育生态学中的群体动力关系理论认为，学习活动中的群体成员之间是相互影响、相互作用的，如权威关系、立群关系和合作关系等，教师是学习群体的一部分，因此教师与学生在英语教学课堂上是相互影响的。高职院校的英语教师在保证自身的教学能力及专业素养过关的情况下，与学生进行更多的交流和互动能提升学生的英语学习能力，进而提高高职英语课堂教学活动的效率。

（三）高职英语教学的重要性

1. 国家发展的需要

随着经济实力的不断提升及生产技术的不断进步发展，我国在国际上的地位及国际影响力有了巨大的提高。与此同时，我国与各国之间的经济合作及文化交流更加密切，因此在经济全球化的背景下，进行高职英语教学模式的创新改革是我国社会发展的客观需求，具有重要的意义。现阶段的国际竞争十分激烈，各国不仅在经济领域有着激烈的竞争和较量，在文化发展领域也是如此，因此我国高职院校应更多地培养学生的英语能力，使得学生在就业岗位或日常生活中能够更好地实现中华文化的传播，通过提高我国文化在世界上的地位及影响力，继而促进我国学生及人民群众文化自信的建立。新时期的经济发展中，我国政府提出了重新发展"一带一路"的倡议，"一带一路"倡议涉及的沿线国家相对较多，因此培养高职院校学生的英语能力是发展"一带一路"经济的重要内容，可满足国家对英语人才的客观需求。

2. 教育改革的需要

高职院校英语教学的改革发展是教育现代化改革的必然要求，同样是实现教育大众化背景下的精英教育的重要内容。首先，知识经济时代，对于人才的质量及能力要求十分严格，因此培养学生能力的前提是提高教学质量。传统的高职英语教学活动存在一定的滞后性，无法切实满足教育现代发展趋势的需求，因此基于教育生态学的高职英语课堂教学模式改革发展是教育事业现代化的必然要求。其次，随着信息技术及网络平台的普及，人们的生活和学习方式变得更加方便快捷，对于教育事业的质量有了更高的要求。教育工作是社会经济及生产力进步发展的基本保障，社会发展与教育事业发展二者之间具有一定的联系。社会经济的发展将促进教育事业的进步，与此同时，教育质量的提升能够为社会经济发展培养优秀的人才。最后，在经济现代化背景下，教育现代化发展成为必然趋势，因此高职院校英语教学活动在教育生态学的基础上创新发展是教育改革的必然要求。

3. 学生发展的要求

社会经济的稳定发展使人们的物质生活得到保障，因此人民群众对于文化产业及教育事业的发展有了更多的关注。国家教育大众化及构建学习型社会发展战略的提出，使得我国的高等教育工作普及、发展得十分迅速，现阶段高等院校的数量和高职院校学生的数量逐年增长，因此学生毕业后的就业形势十分严峻。在巨大的就业压力之下，高职院校应积极进行教育的创新发展，通过提高教学质量和教学水平为学生提供高质量的教育，继而提升学生的英语能力，使得学生在市场竞争中具有较强的竞争能力。随着社会生产力及信息技术的进步推动现代社会不断发展，在信息化背景下，高职院校学生是我国社会经济发展的重要人才力量，技术人才的素质及能力是影响我国教育事业进步发展的重要因素。因此，基于信息技术的社会发展趋势及高职学生对于社会发展的重要作用，提升高职院校的英语教学质量刻不容缓。

（四）高职英语教学的创新研究

1. 转变教学理念

教育生态学视域下的高职英语课堂教学模式改革创新中，英语教师应转变教育理念，坚持以人为本的教育原则，重视学生的实际能力提升。首先，教师在教学活动中应坚持以学生为主体，使得学生能够充分融入英语课堂教学活动中，并通过学生主体地位的实现，提高学生的英语学习兴趣及学习质量，实现有效的英语教学活动。其次，高职院校的英语教师在教学活动中应注重学生实践能力及技术能力的培养，在教学活动中，教师应更多地结合跨文化交际知识，通过英语礼仪及习俗知识的学习，使学生更加深刻地了解英语知识的趣味性，并更加扎实地掌握英语知识的使用规律，继而切实提高英语教学的有效性。最后，高职院校的英语教师在教学活动中过于重视教学大纲，忽视了英语个性化的教学活动。因此，教师在教学之前应更多地了解学生的英语基础能力及学习需求，继而制订出具有针对性的学习计划，使学生在学习的过程中更具科学性和针对性。

2. 创新教学模式

教育生态学视域下的高职英语课堂教学模式中，高职英语教师应积极地转变英语教学的方式，更多地使用信息化的教学手段，并在英语课堂教学之中加入实践性的教学环节，继而实现有效的教学，提高学生的英语能力。首先，高职英语教师应在教学活动中更多地使用信息化的教学手段，提高课堂教学活动的质量及水平，充分激发学生的学习兴趣及学习热情，使得学生在学习活动中更加积极、主动，充分发挥学生的主观能动性。例如，教师可以利用蓝墨云、课堂派等软件提高学生的英语表述能力、听力能力等，利用图片、视频等，以不同的教学方法满足学生的学习需求，适应学生的性格特点。其次，应将更多的实践环节及情景教学模式结合至英语教学活动中。如果语言知识的学习仅局限于理论知识，那么学生无法完全理解和掌握，因此教师应更多地为学生营造情景及环境，使得学生在情景之中进行实践练习，实现有效的英语教学活动。

3.培养师生关系

教育生态学视域下的高职英语课堂教学模式中，教师与学生的关系是影响课堂氛围的主要因素，也是生态学中较为重要的内容。首先，教师应该与学生建立良好的师生关系，与学生进行更多的交流和互动，通过互动式的教学环节，使得教师更加了解学生的性格特点、学习需求及基础能力，继而更好地制订学习计划，提高学习质量和效率。其次，教师与学生互动平等的关系将会激发学生的学习兴趣及热情，避免由于教师的权威态度使得学生对于英语知识的学习产生厌倦的情绪，继而影响学生的英语知识学习及能力提升。

三、科学构建高职英语课堂教学模式

《高职教育英语课程教学基本要求》强调：高职英语教学应多方面遵循"实用为主，够用为度"的原则，由于部分教师对于专业培养目标及教学目的不甚了解，拘泥于传统的英语教学观念和方法，视英语为独立的一门学科，单一地教授英语知识，导致学生课堂中的"学"与实际运用中的"用"脱节。如何科学构建英语课堂教学体系，体现职业教育"能力＋素质"的培养目标，笔者认为可以从以下几个方面着手：

1.更新教学观念，主动适应职业教育的发展要求

转变教育、教学观念，遵循"实用为主，够用为度"的教学目标和原则。教师应发挥自身的主观能动性，研究教学过程，因材施教，因课施教。在制订英语教学计划和教学目标时，教师应遵循"实用"的原则，准确地进行教学定位，致力于培养学生实际的语言应用能力，在听、说、读、写、译五个方面全方位提升学生语言实际运用能力，实现学生学以致用的最终目标。

2.探索符合职业教育规律的教学模式

注重课堂教学方法的创新，努力提高学生职业素养。为了实现教学目标，提高教学质量，必须改革教学方法、提升教学手段。根据高职院校教学改革的要求，笔者在商务英语专业的实际教学中，结合运用了任务驱动教学法和项目教学法，即在教学过程中针对学生所学专业给学生布置任务，要求学生以小组为团队，分配类似实际工作岗位的角色，以任务为中心，相互合作，运用英语的各项技能（听、说、读、写、译）表达和陈述某个专业问题的解决思路和过程。

例如，在讲到外贸业务时，笔者就设定某公司要召开新品研发发布会。在布置任务时，设定教师为该产品项目的主管，要求学生扮演该产品不同部门的相关职员的角色，将学生所在的各个小组分成不同部门，每个部门负责该研发产品的一部分推广工作，包括市场调研、市场细分、产品介绍、广告设计、定价策略、销售渠道等。在课前，学生需要搜集与之相关的资料，并在小组内讨论，提出合理的推广方案；课堂上，每组选派一位代表就自己组负责的这一部分工作用英文进行陈述；最后教师在课堂中就专业的技能问题和语言的实际表达问题分别进行总结。

任务驱动教学法和项目教学法，打破了传统的灌输式教学模式，真正实现学生学习的主导地位，教学的过程由原来单一的"师生"互动变为多边的"师生"和"生生"互动。在互动过程中，为了利用英语解决实际问题，学生必须运用语言技能来完成任务，从而有效地激发学生学习英语的兴趣，提升学生的综合素质。

另外，教师应重视课程导入，激发学生学习热情，采用多样的教学形式活跃课堂气氛。要想上好一堂课，仅仅明确教学目标，把握好教学重、难点是不够的。如何迅速吸引学生的注意力，引导学生将注意力尽快集中到新课上来，取决于教师导入新课的能力。对于新课导入，要求教师应充分利用青年学生的好奇、好胜心理，同时结合新的语言材料，因地制宜，因材施教。如口语课前，播放一段英语绕口令，让同学们竞相模仿并展开比赛；听力课间播放英文歌曲的 MV 以缓解听力紧张与疲劳；听力与会话课前播放一段与本课教学相关的情景视频以启动话题讨论；精读课前可以采用启发式提问、故事导入法、归纳或演绎法导入课程。多形式的教学方法有利于活跃课堂气氛，激发学生积极的学习心态，但教师也应注意控制节奏，维持好课堂秩序，真正做到课堂"活而不乱"。

3. 强化学生的主体地位

爱因斯坦说过："兴趣是最好的老师"，只有激发学生学习英语的兴趣才能调动他们学习英语的积极性。针对英语水平个体差异较大的高职学生来说，提高不同层次学生学习英语的兴趣是教学的重中之重。成功的教学不应该是强制的学习，教师应该精心设计教学，突出学生的主体地位，针对不同层次的学生设计难易程度不同的任务，创造机会让各层次学生在完成任务的过程中体验语言运用的乐趣，从而激发学生学习英语的兴趣，帮助学生树立学好英语的信心。

4. 拓宽学生学习和运用英语的渠道

许多高职院校的英语教学仍然采用"粉笔＋黑板"的模式，这种"单一化"的教学模式很大程度上制约了教学质量的提高，影响了学生英语语言应用能力的培养。教师应掌握现代教学技术，借助现代多媒体教学手段的便利和丰富的网络资源，为学生提供多方位、多形式的学习资源，如观看历届美国总统竞选演讲视频、"希望杯"英语口语大赛视频、原版电影赏析视频等。通过各种方式为学生创造有利的教学环境和语言环境，帮助学生了解东西方文化差异，增强跨文化交际的能力。

现代网络技术发展迅速，通过网络实现师生的双向互动也能取得良好的教学效果。借助 BBS、E-mail、QQ、BLOG 等方式，师生之间、学生与学生之间可进行多形式的语音或文字交流，这些方式可用于答疑、讨论、布置作业、提交作业、考试等。

另外，应加大实训教学比重，强化学生的职业能力。英语是一门实践性很强的学科，可以提升学生听、说、读、写、译等多方面能力，这些能力都需要实践训练，这就要求加大实训教学的比重。笔者的做法是：在保持教学计划相对稳定的基础上，按照"新、综、活、实"的要求加大课程改革力度，对课程体系进行优化与整合，构建以学生能力培养为主线的模块课程体系，加大实践教学环节比重，使学生学到的知识和技能能满足实际需要。也可以设置课堂实训教学、校外实践及顶岗实习等实践教学课程，给学生提供更多的应用英语的实践机会。本着提高学生英语综合运用能力为目标，经常组织实训活动。以学生在校生活、社会生活、职业生活为载体，创设鲜活的教学情景，落实"做中学"的人本教育思想。如模拟外企产品发布会；每学期组织学生参加英语口语技能比赛；安排专门的商务英语实训；指导商务英语专业毕业生进行毕业设计、撰写毕业论文及论文答辩等。有效地结合理论教学和实践教学，为学生创设一个在学习中实践，在实践中学习的氛围，进而提高教学质量。

5. 构建科学的英语评价考核体系

课程的教学安排常常与这门课的评价与考核相关联，而英语应用能力是一项综合的实践能力，仅凭一张试卷无法全面地评价一个学生的真实能力，因此，要实现高职英语的教学目标，必须构建科学的评价考核体系。

（1）考核评价的内容多元化。既要对学生的知识、能力与应用技能进行评价，又要对其学习态度、兴趣和方法进行评价。

（2）考核评价的主体多元化。不仅要以教师为主体，还要让学生参与到评价中来。在学生自评和互评过程中，学生由传统的被动受评者转变为主动的参评者，使学生自省以达到正确地认识和评价自我，从而有目标地提高自身学习动力。

（3）考核评价的标准多元化。在课程统一标准的前提下，结合学生个人标准，参照学生自身发展过程的变化，对学生的学习状况做出全面的反馈。同时，学生的实习、实训也应作为考核的一个内容。

（4）考核评价的资格考试多元化。提倡学生参加各种权威的英语资格证书考试，并将其作为评价方式之一，这将有助于学生就业时展示其英语应用能力的凭证，从而提高学生就业的竞争力。

第二节 高职英语的课程设置

高职英语教学实践与其他学科的教学实践一样，都必须随着社会的发展和教学形势的变化而不断改革。而高职英语教学实践的改革也必须与其他学科的教学改革一样，无论是具体的课堂教学，还是教材的编写和课程的设置，都需要改革。

本节结合笔者对高职英语课程的了解，参考其他研究者课程改革的论述，对高职英语课程设置的现状与高职英语教学改革的具体情况进行详细阐释和说明。

一、课程及高职英语课程设置

（一）课程的界定

要研究高职英语课程设置的现状与高职英语教学改革的相关问题，首先必须明确什么是课程，即课程的内涵。众所周知，在教育学的领域"课程"一词有两种含义，在广义的层面上，"课程"是指某一学校根据上级主管教育部门的有关要求，对某一专业的学生所安排的具体学科和学习进程安排及其组织的各种教育活动；在狭义的层面上，"课程"是指某一专业的学生具体学习的某一特定学科。根据以上界定，也可以简单地分析出广义课程与狭义课程的区别，广义的课程包括两个层面的内容，即某一特定的学科和相关的教育教学活动，而狭义的课程仅仅指向学生学习的某一学科知识。

（二）高职英语课程设置的现状

分析高职英语课程设置的现状，应该结合广义的课程定义，因为仅就高职英语教学改革实践而言，无论对于高职英语是一个学科，还是教学活动，它都是高职英语教学改革应该研究的对象。学科也好，活动也罢，它都会对学生知识的学习和能力的培养产生重要的影响。

目前高职英语课程的设置存在许多问题。下面仅就课程设置中存在的重点问题进行说明。

首先，高职英语课程设置的改革周期过长。高职英语课程的设置具有历史的传承性和革新性。也就是说，高职英语课程的设置应该处于一个变化与稳定的矛盾之中。高职英语课程的历史传承性可以保证高职学生能够在具体的学习中获得完整的知识体系，而高职英语课程设置的革新性又可以使所学与所需保持一致。但在目前高职英语课程在其设置的过程中，传承性与革新性之间的变化过程却过于长久，导致课程设置表现出更新缓慢的特点。

高职院校的教学特点与其他本科院校的英语教学特点存在明显差异。它既注重学生的知识学习，又突出学生的专业能力。特别是对于后者而言，学生能力的培养是与学生的英语技能整合在一起的。在课程的设置中，高职英语专业课程管理者应该重视对学生实践活动的安排。所以，双证书制（专业能力证书与英语能力证书）成为目前各职业院校教学改革的重点。双证书背后代表的是学生的英语能力与学生的专业能力是和谐统一的，即专业能力与英语能力是一致的。因此，学生的实践时间往往与知识学习的时间大体一致，甚至是实践时间多于知识学习的时间。

再次，高职英语课程设置与教材编写脱节严重。高职英语课程的设置应该与教材保持一致。否则，只有课程设置的改革也会因为没有相应的配套教材而失败。如何才能保证拥有适应课程设置变化的教材呢？方法有两个，一是组织本校的教师进行校本教材的编写，二是根据自己的办学特色，选择适合的统编教材与课程设置配套。

最后，教育教学活动与教学内容不配套。众所周知，与教学内容相关的教学活动也是"课程"的具体内容。如果把教学改革的目光局限于特定的学科教学，即狭义的课程，那显然也不利于高职英语的教学改革，不利于满足学生的就业需求。因此，在高职英语教学改革的实践中，还应该把改革的焦点集中于特定的教学活动。因为特定的教学活动及具体的安排也是"课程设置"改革研究必须面对的课题之一。

二、以职业为导向的英语教育专业课程设置实施路径

本小节为了更加明确地阐述专业课程设置实施路径，笔者以英语教育专业为例进行阐述。

（一）确立以人才培养目标为指向的课程体系

专业课程的设置必须以人才培养为目标，什么样的人才培养观决定了开设什么样的专业课程。高职英语教育专业主要培养具有合理知识结构、扎实专业知识、卓越教学能力的小学教师和边远山区的初中教师。因此课程设置必须以人才培养目标为前提，换言之，在研究课程设置之前，先要认真审视高职英语教育专业人才培养目标的定位，才能做到有的放矢。

（二）突出专业技能和职业技能的深度融合

英语教育专业的专业技能主要是指英语听、说、读、写、译等能力，职业技能是教

师口语、教学技能、课件制作等能力。这两项技能一般都分开培养，相互交叉的情况不太普遍。但是教师职业岗位需要的正是两者的融合。为此，需要在课程安排上考虑两种技能的联系。如有的高职院校开设了英语歌曲与童谣、英语课件制作、小学英语教学法等课程，学生对职业要求的认识进一步加深，职业综合能力得到提高，走上教师岗位后对职业的基本技能要求能做到游刃有余。

（三）构建完整的实践课程体系

关于高职英语教育专业实践课程的内涵、结构和规定，还缺少完整的指导性文件，因而难以体现实践课程在课程设置中的核心地位，其时间安排、基地建设、师徒制度、考核评价等都缺少科学性的规范。高职院校要从实际出发，教育见习以完成阶段性任务为目标，一次见习解决一到两个问题，采用"影子跟岗"等方式，使见习见到实效。教育实习要定位到小学和边远山区中学，要把实习和学生的就业岗位紧密联系起来，学生通过顶岗实习，真正熟悉职业岗位的情况，就业后能迅速适应工作岗位，做到轻车熟路。

（四）优化素质拓展类课程

英语教师只有了解语言背后承载的文化，才能更好地贯彻语言教学的意图。高职英语教育专业要重视英语文化类课程，加强对学生人文、社会科学的教育，拓宽学生知识面。通过必修和选修两种形式开设多种课程，如英美文学欣赏、英语国家概况、英美儿学选读、现代汉语、古代文学等，通过学习，学生逐步积累起两种语言的文化背景、风土人情、价值观念等知识，增加两种文化的对比，进一步提高语用能力，为今后从事教师职业岗位积累经验，提升职业的可持续发展能力。

构建以职业为导向的高职英语教育专业课程，要充分体现人才培养目标的要求，要把英语教师标准和英语教育专业教学标准结合起来，建立人才培养的直通道，满足英语教师的专业化发展和英语教学的时间需要。以职业为导向就是培养职业要求的核心能力，强调职业的实践能力，增强职业的发展能力，实现高职英语教育专业为基础教育服务的功能。

第三节　高职英语的人才培养模式

根据相关数据显示，毕业后难以就业的学生有相当一部分来自英语、会计等专业。这在极大程度上说明英语专业人才培养过程中存在许多的问题。主要表现为只注重学生的专业能力，忽视了学生的综合素质，以至于学生空有学识，却难以适应社会。本节通过探讨的方式，笔者分析了造成这种现象的原因，探究解决这一问题的方法，希望能对今后的英语专业人才培养提供有价值的信息。

一、高职英语专业人才培养模式的现状

在培养适应社会的综合型专业人才方面，高职院校在专业人才培养模式上具有独特的优势。但目前的情况却是，很多高职院校没有充分认识到这一点，没有发挥所长培养适应新时代要求的综合型人才，而是依旧采用传统的应试教育模式。传统的教育模式完全发挥不出高职院校的优势跟核心竞争力，这种模式下培养出的学生，固然在专业知识方面有可取之处，但是这种单一的技能在进入社会之后就会变现出明显的劣势。社会需求是比较功利的，综合能力的考量是企业选取职员的首要依据，所以出现了目前这种高职专业英语人才刚出校门就失业的问题。

二、高职英语专业毕业生社会适应性较差的原因

我们可以将高职英语专业毕业生社会适应性较差的原因分为以下三个方面。

第一，学生方面。相较而言，高职院校的招生标准较低，许多高职院校无底线地放宽招生条件，使得招收到的学生素质参差不齐。而其中的大部分学生都是在中学阶段学习比较差或者学习能力比较弱的学生，他们对于知识的积累相较于普通高校的学生有一定的差距。换言之，高职院校学生的英语底子比较差，并且学习英语的兴趣不足，甚至是对学习本身存在排斥情绪。相较于普通高校，高职院校的管理也比较松散，这是所有高职院校存在的通病。学生的自主性较差，这种管理模式使学生在学习上越来越松懈，更加不会主动进行口语上的锻炼，从而导致学习效率非常低下。

第二，学校方面。教育部在《高等学校英语专业英语教学大纲》中指出："面向 21世纪的外语专业必须从单科的培养模式转向宽口径、应用型、复合型人才的教育培养模式"。同时，其中还就外语教育方提出了以下五个方面的不适应性："人才培养模式方面""课程设置和教学内容方面""学生知识结构""学生知识结构、能力和素质方面""教学管理方面"。普通高校中存在的问题，在高职院校中更加突出。除了在管理方面，一些教师的心态也存在问题，他们只进行例行公事地讲课，至于学生学不学、学得怎么样，教师完全不关心。这导致课堂上完全失去了学习的氛围，教师跟学生形成了相互隔绝的两个群体。

第三，社会方面。"高职院校毕业生"这一称呼隐隐包含一种贬义，这种偏见既有历史因素，也有社会因素。单从社会方面来讲，社会整体对于高职院校毕业生存在偏见，

究其原因是社会或者社会成员对当今的高职院校毕业生不够了解，社会对高职院校的关注度也完全不够。高职院校各种教学资源的获取也极为有限，如教师资源、硬件设施资源、干部资源等。

三、如何提升高职英语专业人才的社会适应性

针对以上三个方面的问题，笔者结合自身教学经验，尝试就学校方面的问题展开探讨。

（一）调整课程安排

在《高等职业教育英语课程教学要求》（试行）中将高职院校公共英语分为两块，分别是基础英语和专业英语。作为致力于培养专业英语人才的教育模式，高职院校教师在课程设置方面要有选择性，应适当减少基础课程课时，增加专业英语课时，使学生将更多精力投入到运用性更强的专业英语方面，以提高英语综合能力。实际教学过程中，教师可以将基础英语的学习放置在第一学期，而之后的学期都用来进行专业英语的学习。

（二）对教材的选择要恰当

为专业英语方向的学生提供专业性更强，实用性更高的教材是极为必要的。教材应该确保难度合适，适用于当前阶段的学生。举个例子，从事空乘客服工作，英语能力非常重要。高职教育下的空乘专业主要是面向民航运输业的空中和地面服务岗位，这就需要培养能够适应行业发展第一线的空中乘务、安全员、机场要客服务等岗位需求的高技能应用型人才。因此，在教材选择上，针对有空乘客服职业选择意向的学生，就要选用涉及空乘人员英语实际应用的教材，帮助其在进入工作中时能够适应工作内容，从而提高学生的社会适应性。

（三）进行实训教学

要想让学生真正做到学以致用，就要积极锻炼学生的实际应用能力。学校应该投入专项资金，打造实训教学环境，设置不同的情境，为不同专业领域的学生提供实训，锻炼其交流沟通能力。同时，通过这样的方式，能够让学生提前感受职场的工作氛围，自行思考在职场中自己可以担任什么样的职位，让学生在就业选择上少走弯路。

综上所述，高职院校专业英语的人才培养模式在社会适应性上存在一定的问题。同时，在社会需求发展的带动下，高职院校专业英语教育也存在许多机遇。如何解决这些问题，抓住这些机遇，是当代高职院校教师需要考虑的事。

第四节　大数据时代高职英语混合式教学模式研究

近年来，随着信息技术的发展，大数据逐渐被应用到教育领域。传统的教学思想和方法已经不适应信息时代的发展，基于大数据背景，混合式教学模式具有多元性、互动性及拓展性，是一种全新的教学模式，已经逐渐被应用到高职英语的教学中。这里我们主要对大数据时代混合式教学模式在高职英语教学中应用的意义和实施策略展开论述。

大数据技术的应用，让学生可以通过网络查询相关资料来解决问题。混合式教学模式就是适应大数据时代的一种新的教学模式，这种教学模式既保留了传统的班级教学，又充分利用了网络信息平台和丰富的网络资源优势。混合式教学模式的应用使得高职英语教育有了重大突破，不仅提高了学生学习的主动性，还提升了学生的综合学习能力，为以后的学习和工作奠定了坚实的基础。

一、大数据时代的定义

大数据时代是随着互联网技术的快速发展出现的大规模生产、传播和利用数据的新时代。大数据是一个巨量数据的集合，集合中数据量规模巨大，远远超出了传统意义上的范围。传统的计算机的处理能力已不能满足大数据时代的需要，无法利用传统工具软件对大数据进行储存、分析和管理。为了解决这个难题，计算机科学家将云计算应用到大数据计算中。云计算技术可以有效解决大数据的储存问题，并可以对大数据进行计算、分析和预测。使我们对大数据做到更有效地利用，对隐藏的数据进行深入挖掘。

大数据时代的到来也给高职英语教学带来了影响和改变，为人们在更多领域进行深层次研究提供了机会和能力。人们通过云计算技术分析、处理、整合和挖掘大数据，可以获得新的知识，探索现实世界的规律。大数据具有较强的经济价值、社会价值和科学价值，影响了包括价值体系的构建、知识体系的完善、人们生活方式的转变等社会的方方面面。

二、混合教学模式

混合式教学模式是传统的面对面教学与网络化教学优势互补的一种新型教学模式，致力于充分发挥传统教学和网络教学各自的优势。在具体教学过程中，教师是启发者和引导者，学生是教学主体，全程参与到教学的各个环节中。这种模式大大提高了学生的教学参与积极性，教学效果显著。

三、大数据时代混合式教学模式在高职英语中应用的意义

大数据时代为高职英语教学提供了海量的教学资源，混合式教学模式也大大提高了高职英语的教学效果。在传统的高职英语教学模式中，课堂是教师教学、指导学生学习、为学生答疑解惑的主要场所。但是，由于很多学生英语基础比较差，教师的时间和精力也有限，不能兼顾到所有学生，就导致一部分同学的疑惑得不到教师的解答，从而跟不上正常的教学进度，降低教学质量。大数据时代的混合式教学模式在一定程度上解决了这个问题，延伸了教学时间和空间，学生可以根据自身情况灵活地安排学习的时间和地点，在遇到疑难问题时可以及时得到教师的指导。这极大提高学生学习英语的积极性和主动性，充分发挥了学生的潜能，使学生养成良好的学习习惯。为了保证混合教学模式能在高职英语教学中真正发挥实效，还需要高职院校教师在实际教学中不断发现问题、解决问题，完善混合式教学模式。

四、大数据时代混合式教学模式的实施策略

（一）更新观念，传统和混合式教学模式优势互补

大数据时代混合式教学模式包括课堂教学和线上网络教学两个部分。课堂教学就是指教师与学生面对面教学；网络教学是指学生通过网络平台，利用丰富的网络教学资源进行自主学习。这两部分优势互补，相辅相成。网络教学有着明显的优势，但传统的课堂教学是教师和学生交流的主要平台，是不可替代的。教师在课堂教学过程中，可以时刻关注学生的学习情况和心理状态，这是网络教学无法做到的。教师要制订合理的教学计划，将课堂教学和网络教学有机结合，充分发挥两种教学模式的优势。教师应根据学生的自身情况，如学习水平、学习能力、学习需求，制订分层次、有针对性的教学策略，准备相应的英语学习资料并对学生进行有针对性的学习指导。课后，教师要指导学生充分利用网络上的大数据教学资源，对课堂没有讲的、讲得不细的、需要拓展的知识进行自主学习。事实证明，这种线上线下结合的教学模式效果很好。

（二）加强英语教师业务的培训，提高教师队伍的水平

教师在高职英语教学中起着重要作用，其自身素质和教学水平是影响教学效果的重要因素。为了保证高职院校英语教师的教学质量，高职院校应加强对英语教师的业务培训，提高教师队伍的整体水平。高职院校应利用大数据技术的优势，鼓励教师用心研究混合式教学模式，理解其内涵、特点和实施要领，将混合式教学模式应用到高职英语教

学中，制订有效的英语教学方案，提高整体英语教学质量。

（三）利用大数据的网络教育资源，建立完善的网络学习资源库

大数据时代，有着丰富的网络教育资源，高职院校应充分利用网络上的教学资源，建立一个完善的网络学习资源库。高职英语混合式教学的一大特色就是利用网络在线学习，学生可以在网络上学习课内基础英语知识，也可以拓展课外英语知识，还可以在线测试，以便学生对所学知识进行测验，对掌握不牢的知识加强训练，这样可以进一步巩固自身的英语能力，提高自身的英语水平。但是这一切的前提是要有优质、完善的网络学习资源，这就要求教师要能充分利用大数据教学资源，建立完善的网络学习资源库，方便学生在网络上自主学习。

教师建立完善的网络学习资源库需要做到以下几点：第一，学习资源的选择要在学生的能力范围内，要从易到难、难易适中，这样学生可以根据自身的英语水平选择合适的学习资源；第二，学习资源的选择要和教材内容保持一致，为扩展学生知识面，可以在教材基础内容上做适当延伸；第三，选取的学习资源要有一定的趣味性，可以结合图片、音频、视频等元素，这样学生学习起来才不至于枯燥、乏味。

（四）加强与学生的交流与互动

只有加强与学生的交流和互动，教师才可以了解学生的实际英语水平和存在的问题，发现学生的英语薄弱点，从而有针对性地调整教学方案。由于每个人的英语基础不一样，学习能力存在差异，这就导致部分英语基础差、学习能力不强的学生不能主动学习英语，缺乏学习的动力。对于这样的学生，教师要经常与其沟通和交流，引导他们调整好心态，从基础学起，循序渐进地提高英语水平。教师应适当地给予学生肯定和鼓励，增强其学习英语的动力和自信心。

综上所述，在大数据时代背景下，高职院校教师应充分认识到混合式教学模式对提高教师教学质量和学生学习动力的重要性。同时，教师要提高自身素质，有效利用网络上丰富的大数据资源，建立优质的网络学习库，加强与学生的沟通和交流，做好高职英语人才培养工作。

第五节　混合式教学对高职英语师资的要求

混合式教学将"线上"教学和"线下"教学有机结合，将互联网技术、移动通信技术与教育进行深度融合，改造人们的传统教学。新时代的混合式教学模式对高职英语师

资提出了新的要求。数量上，要求线上师资和线下师资之比、线上师生人数比和线下师生人数比适当；知识和能力上，要求高职英语教师知能合一，有所专长；情感态度上，教师应准确自我定位，积极承担责任；队伍结构上，需转换师资评判标准，建设"双师型"教学团队。

从狭义上讲，混合式教学是在信息化背景下，将互联网技术与教育深度融合的有效教学模式，是一种将在线教学和传统教学的优势结合起来的"线上+线下"的教学，其重点在于"线上"和"线下"这两种教学途径的混合，形成两种教学组织形式。两者有机结合，可以把学生的学习由浅到深地引向深度学习。虽然在外部表现形式上混合式教学采用"线上"和"线下"两种途径同时开展教学，但其中的"线上"教学不是整个教学活动的辅助，而是必不可少的教学活动，"线下"教学也不是照搬传统的课堂教学活动，而是在前期的"线上"学习基础上开展更加深入的教学活动。混合式教学所使用的在线教学平台能够让"教"和"学"不一定在同一的时间、同一地点发生，从而把传统教学的时间和空间进行扩展，实现混合式教学充分发挥"线上"和"线下"两种教学的优势的目标，改变我们的传统教学。

一、高职英语师资的现状

（一）数量上，高职专任英语师资严重不足

从目前大部分高职院校英语课程的设置情况来看，公共英语课一般开设在第一学年的两个学期，专业英语必修课或选修课在大二或大三学年选择一学期或两学期开设。假设这些课程设置为小班授课，即每个班学生人数不超过50人，以一个年级3000名学生的数量来计算，公共英语课一学期至少60个班级，假设1位英语教师任课4个班级，则需要15位公共英语教师，再加上专业英语课的师资需求，每学期至少需要20位英语教师。20这个数字只是最保守的计算结果，事实上有的学校对英语师资的需求量远大于这个数字。因此，某些高职院校采取了大班授课、压缩英语课时的方式弥补英语师资的不足，甚至取消某些英语课的方法以求跳过英语师资缺乏的问题，也有的高职院校不得不大量聘用校外师资暂时缓解这一难题。然而，这几种途径都在实际的教学过程中显露出各自的劣势。大班授课，学生学习英语的积极性和效果大打折扣；压缩英语课时，学生的英语水平难以得到维持和提高；聘用校外师资，给学校的教学管理工作带来诸多困难。

混合式教学可以实质性地解决高职英语师资不足的问题。一方面，混合式教学将互联网技术与传统教学的优势相融合，可以实现线上教学的师资共享，而线上教学主要进行理论知识点的讲授，理论讲授师资共享后，相当比例的师资力量得到释放，充盈到主

要进行答疑解惑和实践操练的线下课堂中。另一方面，由于在混合式教学中的线下课堂中学生是学习的主体，教师为引导者和辅助者，工作内容相对集中，与传统教学相比减少了理论知识点的讲解，因此可承担的班级数量理论上来讲比传统课堂能多一些，从而降低高职院校英语师资的总体需求量。

（二）结构上，高职英语师资不均衡

从传统的师资结构指标，如年龄结构、学历结构和职称结构来看，高职英语师资的不均衡状况十分普遍。许多高职院校建校时间不长，或由中职学校合并升格，建校或合并时间集中在 2005 年前后。在建校或合并之初，由于师资需求量激增，这些院校大量引进英语教师，之后由于人才引进政策的限制，引进师资数目锐减，从而使高职英语师资力量多为年龄 35 岁左右、教龄 10 年左右的青年教师，年龄层次单一，在年龄结构上出现断层。

学历结构上，高职院校的英语教师普遍毕业于本科院校英语类专业，不乏研究生学历者，且相当一部分通过职后教育进行了进修学习，高学历者占绝大多数。

职称结构上，受年龄因素影响以及现行职称评定条件的限制，高职院校的英语教师，尤其是青年教师很难评上高级职称，导致学历与职称不对称。这对青年教师的教学积极性有一定程度的负面影响。

（三）知能上，高职英语师资较弱

知能，即知识和能力。高职英语教师专业理论知识扎实，但专业实践能力不足。大部分高职英语教师的就业路径是从学校到学校，即从普通高等院校一毕业就进入任职的高职院校，因此极为缺乏社会任职经历，对行业英语知之甚少。大部分教师仅有英语级别证书，没有其他技能证书，并且不具备专门用途英语、行业英语的教学和外资企业任职经历，进行职场化英语教学十分勉强。此外，高职教师的职业面向范围有限，缺乏应用英语的机会，一是校方对英语教师提供的实践机会不多，二是教师在日常生活中自主创造语言应用机会也不多，导致当前英语教师的实践能力和语言应用能力不足。

除此之外，身处信息化时代，高职英语教师除了具备扎实的英语知识和教学能力外，还应对计算机、网络和信息通信领域具有基本的了解和较强的应用能力。然而现实中，一部分教师由于年龄因素或其他主客观原因，不能熟练地使用计算机、网络和移动教学设备。

现代社会对个人的跨学科知识和能力的要求逐渐提高。高职英语课程作为公共基础课程或专业基础课程，其任课教师理应具备多学科的综合知识，包括语言学、教育学和所授课程相关的其他学科的知识，从而更好地完成教学任务。但实际情况是，大部分英语教师较深入地了解语言学理论知识，具备语言学运用能力，但较少或没有接受过系统的教育学理论学习及教学能力训练，对所授课程相关的其他学科知识了解的并不透彻。综合来看，高职院校英语教师的跨学科知识和能力较弱。

二、混合式教学模式对高职英语师资的要求

混合式教学模式是社会发展新时代，教育培训界相关人员对教学模式进行优化组合的产物。这种模式无疑对新时期的教育从业人员提出新的要求。前文提到，混合式教学融合了"线上"和"线下"两种教学模式，它们彼此独立而又彼此依存。这一特点使得高职英语师资要结合"线上"和"线下"两方面来配备。

（一）数量要求：比例适当

这里的"比例"是指线上师资和线下师资之比、线上师生比和线下师生比。

如前所述，线上教学主要进行理论讲授，其师资可以共享，相应的师资数量需求小。而承担线下教学的教师对学生进行学习引导和辅助，针对性更强，数量需求相对较大。因此线上师资和线下师资之比应是一个分子小于分母的数字。

线上教学的受众可以是同一门课的所有学生，覆盖所有班级；线下教学的受众以一个班为单位，学生数有限。因此，线上师生比远小于线下师生比。

以上只是几个比例的大概推测，这些比例在哪个具体的区间最合适，还需要通过大数据或实证研究进行论证。

（二）知能要求：多元知能合一，有所专长

知识上，不论是进行"线上"的教学师资，还是"线下"教学的师资，都要具备对所授知识点和教育教学理论的储备。线上教学，不论是直播课还是录播课，主要进行理论讲授和画面演示，教师需要储备所授知识点和教育教学理论毋庸置疑。线下教学，由于是对线上所学理论的实践和运用，作为学生学习的引导者和辅助者，教师也必须具备对前情相应理论知识的牢固储备。

技能上，混合式教学不同于传统教学最重要的一点在于，它借助了互联网移动信息技术，所以除了传统教学要求的学科技能和教学技能外，还要求教师具备计算机、网络和信息通信相关技能。

因此，如前所述，高职英语教师需要同时具备多元的知识和能力，另外在这些知能中还要有一项突出的专长。例如，擅长将英语知识点通俗易懂、深入浅出地讲解透彻，擅长分析学生的学习强项或弱点并给出精准的指导建议，擅长英语口语交流，擅长英语写作等。

（三）情感要求：准确自我定位，积极承担责任

混合式教学对教师提出了比以往更多元化的要求，教师在情感态度上需要理解和适应。为了更好地开展混合式教学，首先，高职英语教师要对自身进行准确定位，清楚自己在混合式教学中的角色，负责地履行理论讲授或学习辅助指引的职责。其次，要不断提升自己的专业素养和信息素养，主动参与学校组织的教师培养计划，养成扎实的教学基本功。最后，校方应充分了解教师为提高教学质量所做的努力，并给予一定的鼓励。

（四）结构要求：转换师资评判标准，建设"双师型"教学团队

不再以年龄、学历、职称等要素来评判高职英语师资队伍结构，要制订更加科学、合理的评判标准，如以教师的知识、能力、态度等综合素质考评结果作为标准，同时进行知识、技能的分项打分和归类，根据专长划为理论讲授、答疑解惑和实践指导这三类师资，再将这些师资进行混合搭配，形成若干教学团队，使每个团队的三类师资数量均衡。这样不仅能降低单个教师成长为"双师型"教师的时间成本和精力成本，也能发挥"双师团队"的合力，不失为师资建设的有效路径。

第三章　信息化背景下高职英语教学模式的创新研究

第一节　信息化环境下高职英语的教学模式

如今，教学方式不断发生变化，教育领域对信息化的需求也在逐渐增加。信息化对教学的改善有很大的帮助，能不断充实教学内容，营造浓郁的学习氛围，提高教学质量。在教育信息化的时代，如何更好地开展高职英语教学，需要教师认真探讨。

在教育信息化改革的大背景下，高职英语教学也应紧跟时代步伐，及时运用信息化教学模式，以便更好地提高教学效果。所以，高职英语教学要尽量多使用现代化教学的方式，运用当今时代的先进技术，紧跟现代化教学改革的步伐，利用信息化手段提高高职英语教学的质量，发挥教育信息化的优势，以便能够及时向社会输送英语方面的专业技术人才。

一、信息化环境下高职英语教学与信息技术整合的意义

（一）有利于转变传统教学理念，促进教学观念的更新

在信息技术不断发展变化的环境下，信息的传播越来越简单高效。传统教学方式中的黑板和粉笔已经无法满足现在的教育发展需求。因此，高职英语教学中一定要运用信息技术。此外，教师不仅要熟练地掌握这项技能，还要灵活运用信息技术，将信息技术运用到日常的教学过程中，从而活跃课堂氛围，提高学生学习兴趣。对于教师来说，不能总使用传统教学方法，要及时调整教学理念，运用新的教学模式，充分利用丰富的信息资源，培养学生课堂主体意识，让学生自主思考，提高学生学习的积极性，培养学生的发散性思维，从而全面提高学生的专业素养。

（二）有利于激发学生的学习兴趣，培养学生语言的综合应用能力

在高职英语教学中，运用多种方式积极开展有关英语学习的活动，在活动中完成教

学目标。例如，在备课的时候加入图片、音频、视频等，进行多样性教学，运用多种方式刺激学生感官，加深他们的记忆力，提高学生的课堂学习效率。由于教学方式不断更新，教学目标也随之提高，因此教师的教学任务就是全面提高学生的语言综合应用能力。在高职英语教学中，教师不仅要努力提高学生的平均学习水平，还要重点培养学生的英语实际应用能力。

二、信息化环境下高职英语教学模式的构建

（一）引导学生拓展知识，巩固学习内容

改善现有的教学模式，就要把现代信息技术运用到日常教学中。例如，教师利用计算机辅助教学这一功能，把计算机当成教具使用，通过互联网传递、搜集、处理教学信息，制作 PPT 等课件演示实验过程。学生也可把计算机当作一种学习工具，在互联网上进行自主学习。教师和学生都可以随时随地查阅资料、练习一些英语歌曲、阅读英文报道等，从而全面利用教学网络资源促进自己的发展。加入信息化的教学手段，既可以不断创新教学内容，更好地实现教学目标，还可以丰富教学资源，拓宽学生视野，巩固学生的学习内容。如此，教师在课堂教学中能更加得心应手，学生的学习兴趣也能提高。

（二）注重网络辅助合作学习，面授与网络学习相互结合

从专业的现状来看，学生在探究性学习方面的能力有待加强。因此，高职英语教学中，应培养学生的能力，加强小组协作交流，这些都可以通过信息化技术、信息检索来完成。应用信息化的手段不断更新教学模式，可以把教学资源整合起来，把课本和课件结合起来，从而创新教学方法，在很大程度上提高教学效率。基于此，教师要重视网络辅助这一功能，将面授与网络学习结合起来应用，让学生主动参与进来，在网上进行自主学习，培养学生的研究精神。通过这两种学习方式，学生可以充分利用时间，及时拓展知识，让学生在课余时间也能自己领悟，从而提高学生在英语方面的综合能力。

三、信息化环境下高职英语的教学策略

（一）灵活地运用互联网平台，提高教师的信息化素养

教师在日常教学中要灵活地运用信息化技术。如教师可以在网上辅导功课，学生可以在网上一起讨论、研究问题，这样一来可以大大提高英语教学的质量。首先，教师可以在互联网平台上引导学生建立网上分组模式，在上课之前先在组内对所学内容进行分析和讨论，将要学习的内容和主题概括出来，并将讨论结果上传到网络系统。基于此，

教师还可以根据学生的具体情况，按他们对知识的掌握度，进行分组教学，根据实际情况对不同层次的学生采用不同的教学方法。从而让学生及时练习掌握自己不熟悉的部分，有效提高学生的综合素质和整体英语水平。除此之外，还要注重提高教师的信息化技术运用能力，建立良好的信息化环境，这样不仅可以增强教师信息化教学的意识，还可以让他们看到信息化教学的重要性，从而树立信息化教学观念，不断增强自身的业务能力。

（二）利用多媒体技术挖掘教学资源，提高信息化英语教学的质量

这些新的技术为英语教学提供了很大的帮助，在多媒体软件的帮助下，高职英语的教学与学习都简单方便了许多。与传统教学相比，在相同时间内，信息化教学能使教师够传授更多的知识，学生也能掌握更多的内容，更加具有针对性。在互联网这个大平台上，教学资源也更具体化、全面化。由此可见，信息化对教学质量的提高起到了至关重要的作用，因此一定要多借用多媒体的力量，充分利用互联网资源，提升教学品质。这就要求教师学习并熟练掌握计算机技术，运用多种现代化手段，帮学生扩展知识面。但是由于网络的开放性，有些资源和信息的来源以及真实性都难以鉴别，这就对教师就有了更高的要求，教师要仔细辨别信息的有效性，仔细鉴别信息的真实性，为学生筛选出真正需要的信息。

听、说、读、写、译这五种基本能力，既可以通过互联网进行练习，也可以在互联网上找到训练的音频、视频或者是时事新闻等进行练习，还可在互联网上交流训练方法。只有把计算机技术运用到日常的实践中，才能给学生提供更多的学习途径，只有当学生对英语学习感兴趣，才能得到最大化的教学成果，才是真正有质量的教学。

（三）定期进行信息技术培训，不断地增强获取信息的能力

教师只认识到多媒体教学的优势和重要性还不够，关键是能真正将其运用到教学中去。因此，学校应该针对教师做好计算机方面的培训。信息化教学的最终目的是实际运用，所以需要先提高教师使用计算机的水平，再提高其教学水平。在计算机培训方面，第一要进行整合式信息技术培训，就是把信息化运用到教学中去，利用信息化的优点，提高教学水平；第二是要进行软件操作的培训，强化训练，让教师能更加灵活地运用教学所需的软件，像教学中常用的PPT等。

随着网络化的普及，互联网上的资源可以说是触手可及，教师应该及时在互联网上关注一些与教育专业相关的新闻资讯，或者关注一些对教学有帮助的资料，并在课堂上及时传授给学生。教师既可以要叮嘱学生自己在课余时间多关注一些与专业相关的东西，还可以组织一个大的平台，让学生参与进来，以便交流学习经验，优势互补，从而

提高学生的团队意识与凝聚力。如果遇到了学生不能理解的地方，教师就要及时发言，帮学生解决问题；看到资料中错误的地方，教师也要及时帮学生改正。教师也可以分享一些时事新闻、有关的英文电影等，这样每个同学都能有更多收获。

教育现代化的背景下，在高职英语教学过程中利用互联网的优势，可以改变传统的教学方法，使高职英语教学朝多样化的方向发展，提高学生对英语学习的兴趣，学生能够在学习过程中有成就感，学生愿意主动学习，从而极大地提高了英语教学的效率。

第二节　信息化的高职英语教学模式改革

高职英语教学与现代信息技术的有效整合，是高职院校实行教学改革，培养面向信息化的英语教学创新人才的一项重要任务。因此，应分析信息技术手段在高职英语教学中的重要性，阐述基于信息化教学模式的主要特点，并从教学方式、教学内容和学习模式三方面提出信息化高职英语教学模式改革的具体策略。

随着科技发展日新月异，信息化教学手段应运而生。在高职英语教育教学过程中，教育者应加大对现代信息化教学手段和技术的运用，充实教学内容，充分展现出以学生为本的语言应用服务及实践输出为主的现代教学理念，从而更加有针对性地提升高职英语的综合教学质量和效率。

一、信息化的运用对高职英语教学的重要性

信息化技术的产生革新了传统的教学方法和手段，对高职英语教学具有重要作用。教师借助信息技术和手段，科学利用各种资源，为学生营造轻松、和谐、愉快的教学环境，这样学生才会积极主动地投入到英语学习中。基于信息化的高职英语教学模式具有交互性、多媒体特性和多样性特征，能够充分激发学生的听觉和视觉神经，以学生的需求为导向，引导他们主动探索、获取和应用知识。英语信息化教学将现代化媒体科学应用到教学当中，将音像、动画、文本等集为一体，为学生营造真实的场景，使知识呈现得更加形象、生动和具体，有利于学生更加准确、全面地掌握知识，并且能够灵活自如地运用到实践中。另外，英语信息化教学打破了时空界限，教师可以利用网络平台共享英语教学资源，全国各地乃至全球的教师和学生都可以进行互动交流，中国学生可以和以英语为母语的人进行交流，学习纯正的英语。英语信息化教学有利于增加课堂的互动和教学的趣味，激发学生的学习兴趣，能够为学生提供各种实践机会，促进学生对英语知识

的活学活用。

二、基于信息化教学模式的主要特点

信息化教学模式取代了传统的教学模式，借助互联网和多媒体，充分发挥学生的主动性、积极性和创造性，使学生成为知识的探索者和构建者。信息化教学模式的特点主要有以下几点。

（一）整合教学资源

英语教学资源众多，且五花八门，部分学生不知道从何学起。教师可以根据教学的实际情况和学生的需求，通过信息化手段对众多的资源进行分类、整合归纳并共享。在个性化的学习平台中，学生能够迅速准确地找到对自己有帮助的资料，使学习更有针对性，效果更佳。运用信息化手段，可以丰富教学内容，扩大知识的信息量，让英语学习随时随地进行。

（二）模拟真实环境

班级大、学生多是目前的高职英语教学的普遍现象。在这样的情况下，使用传统的讲授方式，教学效果将大打折扣。采用信息化教学模式则可以破解这个难题，使各类教学活动得以有效开展，教师也可以针对学生的特点进行个性化教学设计，将文字、视频、动画和图片等信息有效结合，营造出真实的语言环境，让学生有身临其境的感觉，这样更有助于知识的理解和掌握。

三、基于信息化的高职英语教学模式改革策略

（一）教学方式的改革

1.引入大量情景语境

信息化的优势在于能够创设接近真实的语言环境，教师在课堂上应引入大量的情景对话供学生鉴赏。原本枯燥的英语学习，经信息化手段，有机融入真实的动态画面中，会使课本上枯燥的知识变得有声有色。学生在丰富的情境中学习英语，会倍感轻松，既能在不知不觉中扩大知识面，又能提高词汇量和语音语调的准确性。这种渗透学习的方式能够充分调动学生的学习兴趣，培养学生在具体语境中灵活运用语言的能力，让他们学有所用，解决平时的语言学习障碍。这种语境的创设能够丰富课堂内容，增加学生美感的体验，增强学生的参与度。学生可以分组活动，模拟情景对话，以增强课堂的趣味性，从而提高学习效率。

2. 设计交互式教学活动

教师可以运用信息化手段设计丰富的智能化和交互性的教学活动，来提高学生的参与度。如在课堂上，学生可以与虚拟的人物进行对话，也可以先观看一段视频，然后与同学模拟真实的场景进行对话教师进行点评。学校可以组织开展配音、脱口秀、微视频等比赛项目，让广大学生参与到英语的学习交流中来。课后学生可以使用跟读软件进行跟读或配音，通过智能评价，进一步修正自身的不足。在信息化的教学条件下，交互式和探究式的教学活动越来越受欢迎，教学相长的局面逐步形成，教学效果不断攀升。

3. 教师成为学习的促进者

在传统的教学条件下，教师是课堂的引领者和组织者，而在当前的信息时代，教师的传统观念必须转变。教师应主动学习先进的教育理念，构建新型的教学模式。这就要求高职英语教师不但要有先进的理念，而且要熟练掌握信息技术，能采用先进的手段搜集资料、整合资源、设计情景等，充分调动学生的英语学习兴趣，让学生成为主人翁。

4. 学生的自主学习和交流

传统的英语学习只能靠教师教和学生学，而信息化时代，英语学习变得丰富多彩，学生可以择善而从，自主选择。如通过手机端下载"英语流利说""可可英语""叽里呱啦"等，这些学习软件融趣味性、操作性、学习性、评价性于一体，会让枯燥无味的英语学习变得妙趣横生，使学生在学习过程中倍感轻松、身心愉悦。"智慧职教""清华在线""世界大学城"等在线学习平台上也有丰富的英语学习资源，学生可以根据自己的需要自主选择。教师也可以建立班级英语微信交流群、QQ群等，鼓励同学之间相互学习，形成良好的英语学习氛围。

（二）教学内容的改革

1. 微课视频作为有效的课前预习

高职学生没有课前预习的习惯，教材中也没有有效的预习内容。教师可根据本节课知识内容，搜集素材和资料，把音频、视频、文本结合起来，贯穿课堂重难点，制作一个微视频，让学生课前观看。这样学生对将要学习的知识点做到心中有数，教师也分解了部分讲授任务，课堂上就会相对轻松，教学效果就会更加突出。

2. 本土新兴元素融入多媒体课件

高职英语教材都配备了标准的配套课件，但由于内容过于单调和刻板，只是简单地把书本上的内容变成电子版本，对学生没有吸引力。配套课件都是千篇一律的，而不同专业的学生，对知识有着不同的诉求。基于这些原因，教师一般都会对配备的课件进行修改，结合学生的基础、专业和兴趣点，增加一些有效有趣的新兴元素，便于学生更易接受和掌握。

3.网络资源作为教材内容的拓展和延伸

高职英语教材内容更新较慢，时代性特色的内容较少，尽管教师会在课堂上增加一些与时俱进的内容，但还是不能满足部分好学的学生需求。互联网强大的网络资源则可以突破传统的模式，教师通过互联网搜集与主题相关的资料，可以为学生提供时效性强、快捷且丰富的资源，扩展课堂教学内容，从而拓宽学生的知识面。教师也可以给学生布置一些课外作业，通过搜索一些相关的国内外英语学习网站的方式使学生主动去了解文化背景知识，了解中西方文化差异，从而让学生有一种全新的体验，调动学生学习的积极性，扩大学生的知识面，提升学生的学习效率和效果。

（三）学习模式的改革

1.微课自学

学生利用课余时间，自学教师制作的微课，可以预习和巩固知识。与教学内容相关的微课视频内容丰富、形式多样，能够吸引学生的注意力，使学生在愉快的观看过程中不知不觉地吸取知识。一个理想的微课，能在课前就解决部分重难点知识，节约课堂时间，丰富课堂活动，增加课堂容量。微课作为课堂的延伸，能够丰富学生的知识，调动学生的兴趣，增强学习的自觉性和主动性。

2.电子笔记学单词

在学习过程中，学生遇到不认识的单词，可以用手机上的电子词典查询，然后分门别类地添加到相应栏目，建立个性化的电子单词记录本。学生在复习时只要点开我的"单词记录本"，需要记忆的单词就会呈现。学生还可以下载腾讯微云，运用其中的笔记功能，把需要记忆的单词和语法点存到微云笔记本。学生对使用电子笔记的方式充满了新鲜感和好奇感，而且这种记录和巩固复习的方式十分便捷，随时随地都可以进行。

3.利用微信群或 QQ 群开展学习交流

教师可以建立专门的英语学习微信群或者 QQ 群，带领并引导学生开展课外英语学习活动。教师可以选择合适的短文、故事、剧本、视频等，分享到班级微信群或 QQ 群，让学生进行课外学习。学生也可以自己录制音频或视频发到群里，大家进行互评，教师进行点评，然后选取优秀的作品推荐，供全体学生学习。这种活动融趣味性、互动性于一体，让每个学生都有展示自己的机会，调动了他们学习的积极性。

4.充分利用英语学习软件

随着计算机和智能手机的普及，录音机和复读机已不再能满足学生的要求，取而代之的是各种强大的智能软件。教师可以根据教学要求，把需要练习的内容添加到软件中，供学生学习，学习的内容可以是音视频、练习题、跟读材料、趣味配音等。软件对完成效果可以自动评价，学生可以根据评价进行反复练习。

随着科学技术的迅猛发展，信息化的运用日新月异，虽然高职教育的信息化教学模式改革正如火如荼地展开，但依然有很长的路要走。作为高职英语教师，应紧跟时代步伐，加强自身学习，更新教育理念，探索英语学习新途径，努力推动高职英语信息化教学改革，将素质教育落到实处。

第三节　MOOC 模式下的信息化高职英语教学

信息技术与高职英语教学的融合，让高职院校看到了教学创新的优秀成果，因此高职英语课堂上不断推行信息化教学方式。但是信息化在高职英语教学中的应用还存在一些问题，影响了英语教学质量的提高。MOOC 是英文 "massive open online course" 的缩写，也叫作"慕课"，是在信息化技术基础上衍生出的一种在线教学模式。MOOC 作为一种新型教学模式进入课堂，具有一定的积极作用。MOOC 模式能促进高职英语教学的深化改革，能够激发学生学习兴趣，为英语课堂营造良好的教学氛围，有助于提高学生英语实践能力，推动了高职英语教学的整体改革。

随着时代的发展，信息化技术手段已经被广泛应用到各个领域，影响着人们的生活和工作。高职院校更应该意识到信息化在英语教学中的优势作用，不断创新传统教学方式，达到英语教学的真正目的。英语教师需要积极深化 MOOC 模式教学手段，激发学生对英语的学习兴趣。MOOC 模式能够使实践信息化英语教学水平得到有效提升，为学生更好地学习英语创造优良条件。

一、MOOC 模式在信息化高职英语教学中的作用

（一）改善高职教师的教学方法

高职英语传统教学模式缺乏新意，课堂气氛枯燥，而 MOOC 能够改善英语教师的教学方法，为师生提供一个良好沟通的平台。通过在讨论社区平台的交流，不仅能够拉近师生之间的关系，还能让学生随时针对问题进行提问，教师看到学生的问题也可以及时回答，提高了教学的实时性。此外，MOOC 模式下可以在平台中设置一些英语测试和训练，学生在课下可以随时进行训练和学习，可以更有针对性地提高学生英语能力。

（二）促进教师角色的转变

MOOC 模式下的英语课堂，为学生作为课堂主体提供了基本支持，将学习的中心位置放在学生身上，有助于促进教师角色的转变。在 MOOC 模式下，教师只是教学环境和内容的设计者，学习的重要任务放在学生身上，教师组织学生参与学习活动，提高了学生自主学习的能力。MOOC 教学平台的应用，通常需要一名以上教师完成教学系统的设计，课堂的课题凸显教师团队的协作精神，对于英语教学具有创新意义。

（三）提高学生的学习效率

没有自然的语言环境，一直是学生学习英语的一个难点，尤其是在高职英语学习中，学生没有更多的时间去积累词汇，学习英语的时间十分有限。高职学生对于英语学习的能力逐渐削弱，成为高职英语教学需要重视的核心问题。MOOC 可以在信息化英语教学基础上，让学生获得更多的学习资源，为学生提供更适宜的语言环境，学生可以突破时间、空间等的限制及时学习英语知识。此外，MOOC 能够为学生提供清晰的知识体系结构，关于英语语法知识、语句结构等都有更详细的分析，学生可以更方便地改善薄弱环节，提高英语学习效率。

二、MOOC 模式下信息化高职英语的教学现状

（一）学生的主体地位得不到充分发挥

目前 MOOC 模式下高职信息化英语教学还存在很多问题，学生的主体地位被忽视，在教学过程中依然以教师为中心，学生被动的接受知识。这种教学方式比较落后，学生很难对英语教学活动产生兴趣，也无法提高学生的英语综合水平。在英语教学中，教师没有设置学生自主学习和探索的环节，一味地让学生跟着教师讲解去听课，不利于激发学生的更多潜能。此外，受应试教育的影响，很多高职院校进行英语教学只是为了应付考试，没有实现英语教学的真正目的，导致学生英语学习环境压抑、沉闷，不利于学生英语综合素质的提升。

（二）英语教师教学模式单一

目前很多高职英语教师的教学理念比较传统，导致在实际信息化教学过程中依然沿用传统教学模式，使得课堂教学内容和模式单一。单一的教学模式很难激发学生的学习兴趣，无法发挥信息技术教学优势，不能充分体现学生的主体地位，不利于学生有效地学习英语知识。高职英语教学模式缺乏创新，学生在课堂上会感觉乏味，长此以往就会失去对英语学习的兴趣，导致英语成绩和英语学习能力低下，阻碍了学生更全面的发展。

（三）教师的专业素养参差不齐

高职信息化英语教学过程中，教师作为教学的主要引导者发挥着重要作用，但当下英语教师的综合专业素养参差不齐，影响了英语教学质量。高职英语教师在教学过程中不够重视教学观念的创新性，且没有足够的计算机信息化知识和操作技巧。

三、MOOC 模式下信息化高职英语的教学改革

（一）树立 MOOC 教学观念，改善教学评价体系

在信息化教学模式下，高职英语教学要从根本上实施创新改革，改善传统教学理念。在 MOOC 教学模式下，英语教师积极转变教学模式，可以激发学生对英语的学习兴趣，改善课堂气氛，提高教学效果，学生的学习效果也会随之提高。MOOC 教学模式突破了以学生考试成绩为教学目标的教学思想，建立了多元化的评价体系，能够不断激发学生的学习积极性，进而达到更好的教学效果。高职英语教师应该明确教学责任，不要只重视学生考试成绩，还要注意观察学生平时学习的态度，为学生提供解决问题的思路，提高学生主动学习的能力，使学生养成良好的学习习惯。在高职英语教学中，教师可以利用 MOOC 教学与现代理论的有效融合，在教学实际中强调教学实践的重要性，让学生掌握英语实践技巧，提高学生学习效率。

（二）利用 MOOC 教学模式，扩大教学资源

高职英语教师可利用 MOOC 教学模式扩大教学资源，突破传统单一的教学模式，促进网络资源的优化使用。MOOC 教学模式在英语课堂中逐渐开展，获得了更多师生的认可，改善了枯燥的课堂气氛，学生能够学习到更多的英语知识，有助于提高学生的英语综合能力。MOOC 英语教学模式可以满足学生的学习需求，发挥更大的信息化教学功能，学生可根据学习程度的不同开展针对性练习，缩小学生之间的差距。学生可利用 MOOC 平台完善自身不足，全方位地提高英语能力，从而促进英语学习效果的提升。

（三）提升教师的专业素养

为了促进 MOOC 英语教学模式的顺利实施和优化发展，高职院校应该重视英语专业师资团队建设，积极提升教师综合能力。在 MOOC 教学环境下，不仅要提升高职英语教师的计算机水平和信息化操作水平，还要有效缓解教师与学生之间的紧张关系。这就需要高职院校在实践教学中不断完善教学综合方面的内容，积极提升英语教师专业素养。高职英语教师应主动学习先进的教学方法，促进教师之间的有效交流，明确自身的教学责任，主动与学生沟通，建立彼此之间的信任。高职英语教师要积极学习 MOOC

教学手段，尊重每一位学生，在和谐的师生基础上不断提高教学能力，进而促使师生的共同成长。高职院校要为教师提供定期培训，让教师熟练掌握计算机设备的操作方法，为教学做好准备，从而促进英语教学的高效发展。

综上可知，MOOC 信息化英语教学模式在高职院校如火如荼地开展，获得了良好的反响，但是在教学活动中还存在一些问题，这就需要教师在教学中不断探索有效的改善措施。开展 MOOC 教学有助于创新高职英语教学模式，可转变传统教学理念，重视学生的主体地位，不断总结经验，满足学生对英语学习的更高需求。因此，高职院校应不断推进 MOOC 教学模式，提升英语教师的计算机操作能力，以达到更好的教学效果。

第四节　SLA 视域下高职英语信息化教学模式

二语习得（Second Leaming Acquisition，简称 SLA）理论在语言认知学习的过程中对语言环境的建构有着指导作用。信息化教学模式采用先进的教学理念，通过运用现代信息技术手段，提升教学效率和教学质量。本节通过辨析"习得"与"学得"这两种不同的途径，阐述运用信息化教学模式为高职英语教学提供语言习得环境的有效策略，研究在信息化环境下二语习得理论对于提升英语教学的可行性途径。

因受主观条件限制，尤其是过去很长一段时间内的语言环境的限制，英语教学主要依靠课堂上教师讲解，学生英语学习积极性不高，导致高职英语教学效果不佳。现阶段，随着信息技术的发展，无论课堂上还是课堂外，都可以利用信息化手段为学生提供更多的教学资源，将学得转化为习得。

一、二语习得理论概述

二语习得也称第二语言习得，是指在母语习得之后的其他任何一种语言的学习。二语习得作为应用语言学的一个分支，主要研究语言学生学习第二语言的过程和结果，其目的是解释人们如何习得以及运用第二语言。

有关二语习得，美国应用语言学家斯蒂芬·克拉申（Stephen D. Krashen）提出著名的五大假说，语言输入假说是其核心部分，对二语习得研究产生了重大影响。克拉申认为，语言习得有两个必备条件，即可理解的语言输入和学生内在的语言习得机制。学生要在一定的语言环境中，从现有的语言水平"i"，发展到更高的语言层次，即实现"i+1"。需要注意的是，"+1"是指略高于现有语言水平的层次，输入的内容既不能太简单，又不能太复杂，即实现可理解性输入，否则将无法达到预期学习效果。克拉申将语言学习的过程总结为：可理解性语言输入—大脑整理记忆—语言习得机制—语言能力习得—语言输出。

加拿大语言学家美林·斯温（Merrill Swain）提出的输出假说是对克拉申语言输入假说的一种补充。斯温认为，语言输入是语言习得的必要条件，但仅仅输入是不够的，还要通过反复练习实现可理解性输出。语言的输出不是语言习得的结果，而是习得的一个过程，是对语言输入的反馈，是学生在语言学习过程中不断调整语言输出，从而习得语言。

习得是指学生在自然的语言环境中，通过言语交际活动不自觉地获得第一语言的过程。学得是指人们在习得第一语言后有意识地学习其他任何一种语言的过程。克拉申认为，习得和学得是两条不同的途径，其中习得占主导地位。习得是学生从外部环境获取相关信息，并在无意识状态下实践此种语言，是一种自然的语言学习过程。而学得则是在课堂或教学中进行的一种有意识的语言学习行为，是指有意识地、明确地学习外语的语法规则和词汇。学得与习得最大的区别在于是否有语言环境。

二、研究意义

本节尝试运用二语习得理论指导高职英语教学，利用信息化教学模式创造"习得"必备的语言环境，突破高职英语传统课堂的教学空间和教学方法，有效提升学生对语言的输入与输出。

二语习得理论在大学英语教学中的研究较多，在高职英语教学中的研究较少。在此情况下，应尝试将信息化教学模式应用于高职英语教学，探索信息化条件下二语习得理论在高职英语教学中的实践，为提升学生英语学习兴趣、提高学生英语学习水平提出可行性方案。

三、高职英语教学现状及信息化教学模式可行性分析

高职院校以培养技能型人才为主要目标，虽然学生的动手能力较强，但因语言基础薄弱等问题，学生学习英语的积极性普遍不高，英语是学生较为薄弱的科目。而且，在传统的教学模式下，教学内容的枯燥和教学模式的陈旧，更是导致高职学生英语学习兴趣低下。

信息化教学模式将信息技术手段运用于教学，能够传递教学信息，优化教育资源，建构良好的教学环境，进而调动学生学习的积极性和主动性，实现教师主导、学生主体的教学模式，从而有效提升教学效果。

四、信息化模式下二语习得理论的运用

（一）信息化为语言习得提供语言输入的环境

语言的习得需要不断地练习与巩固。但在过去的很长一段时间，英语教学缺乏必要的语言环境，多数学生缺乏交流的机会，语言的输入量极为有限。与此同时，汉语和英语属于不同语系，文化背景、思维方式等存在着较大的差异。高职学生在学习英语时，受到母语的负迁移影响要远多于正迁移影响。在此情况下，只有为学生提供可以习得的语言环境，才能使学生更好地接受英语的思维方式，而信息化使得良好的"语言环境"得以实现。

根据克拉申的理论，语言输入必须是可理解性输入，即输入的内容必须稍高于学生现有水平；同时，输入的内容需要反复出现，即所学知识需要不断被强化。信息化条件下，教师不再通过单一的讲授，而是为学生提供语言学习所需的场景，不仅使所学语言有充分的输入，还能提供与之匹配的真实自然的语言环境。

（二）信息化条件下可实现理解性语言输出

语言最主要的功能是交际，因此应该把语言学习作为一种交际活动，在交际中学习并掌握语言。语言专家认为，掌握一门语言，一方面，听者可以被动记忆语言表达式，这些语言表达式相对于其经验而言是全新的；另一方面，说者可以在合适场合通过或多或少的技能产生语言表达式。信息化条件下，教师提供大量的可理解语言输入，使学生得以在内部建构语言系统知识，学生在此过程中思考自己和他人语言的使用，从而产生内化，使之输出为自己的语言，并且不断地调整自身的语言输出。

信息化模式下的英语教学为语言习得提供了语言环境，可以使学生在真实的语言环境中无意识地获得大量语言输入。而输入的最终目的，是要将语言输出。语言输入是实现语言习得的必要条件，但不是充分条件。要使学生成功地习得语言，仅仅依靠语言输入是不够的，还要促使学生进行大量的语言输出练习。

（三）实践信息化教学，提高学生学习英语的兴趣

信息化教学模式下，丰富的信息为教学提供了大量的可参考资料，教师课前要充分搜集资料，对信息和知识进行梳理和组织，为英语教学提供丰富的课堂教学资源。教师要通过更为直观的方式帮助学生理解所呈现的内容，提供语言学习的环境，优化语言的输入形式，有效地营造轻松、开放的课堂氛围，从而提升学生的学习兴趣。学生在英语学习兴趣得到提升后，便会积极主动地参与课堂讨论交流，从而实现语言的输出。

二语习得理论在高职英语教学中有着诸多可借鉴之处，而信息化使得这一理论在教学中得以实践。信息化教学模式为习得提供可输入的语言环境和大量的信息输入，即实现并优化语言输入，使语言得以在学生内部产生内化，从而实现语言的可理解性输出。同时，信息化教学模式下丰富的信息流和直观的效果也可以提升学生对英语的学习兴趣，对英语教学实践产生了积极的影响。

第五节　信息化教学模式下的高职英语口语教学

英语口语是高职英语教学的重要组成部分。本节通过分析高职英语口语课程的特点及教学中普遍存在的问题，提出信息化教学模式下高职英语口语教学的目标。基于信息化教学模式，从课前布置任务、课堂自主学习、课堂总结与作业布置三个方面，重点探索高职英语口语教学的详细设计方案，以提高口语教学效率。

高等职业教育是我国高等教育的重要组成部分，其主要目的是为国家培养高素质技能型人才。随着全球经济一体化进程的不断推进及世界经济文化交流的日益频繁，对人才英语能力的要求越来越高，尤其需要具备较强英语口语能力的人才。因此，英语口语成了高职的重要教学内容。信息化时代，信息技术渗透各行各业，教育教学领域也不例外。在此背景下，高职英语口语教学应积极运用信息技术，通过信息化教学模式打造高效课堂。

一、高职英语口语课程的特点

高职英语口语课程是高职英语课程的重要组成部分，其主要课程内容是学生在未来职业岗位中所需的各种英语口语技能，重点培养和训练学生的英语口语发音、听说能力及口译技巧等。高职学生通过英语口语的训练和学习，可以熟练掌握英语交际场合的相关词汇和基本句型，了解中西方文化差异，从而在各种英语交流场合中更加得心应手。由于英汉语言体系不同，加之现实中缺少英语环境，给高职英语口语教学带来一定难度，多数学生都会在不同程度上感到学习英语口语十分困难。因此，只有积极运用先进的教学技术和手段，改革教学模式，才能够有效提高高职英语口语教学效率。

二、高职英语口语教学中普遍存在的问题

（一）学生英语基础不佳

从招生政策看，随着普通高等院校逐年扩招，更多学生进入普通高校接受本科教育，导致高职院校学生的整体素质逐年下滑。多数高职学生在中学时期的学习基础较差，英语基础更是薄弱。部分高职学生的高中英语教师本身就存在发音不准等情况，难以教好学生。这些问题都是高职学生英语基础不佳的主要原因。

（二）教学模式不够科学

教学模式的科学与否直接影响教学效率的高低。但受我国传统教育观念的影响，部分高职英语教师在教学中仅采用"灌输式"教学模式，即一节课大部分时间都用来给学生讲解理论性的英语口语发音技巧，缺乏学生的主动实践环节。传统教学模式既单调又枯燥，难以充分发挥学生的主观能动性，更难以培养学生的学习兴趣，甚至会使学生对英语口语学习产生厌烦之情。

（三）教师综合素质不高

教师综合素质的高低直接决定教学质量的高低。高职英语教师只有在自身就具备较高的英语口语水平和教学水平的前提下，才能更好地传授知识和技能。但在现实中，部分高职英语教师的综合素质略显不足，有的是自身知识和能力有限，有的是由于教学工作量大、日常工作繁忙而没有足够的时间不断充实知识、提高自身能力。总之，从整体上看，高职院校缺乏一支高素质的英语口语教学队伍，当前的师资力量还无法满足口语教学需求。

（四）缺乏英语交流环境

语言是一门特殊技能，在语言学习过程中有良好的语言交流环境，才能够更好地掌握语言应用技巧。显然，现实中很多高职学生并未处于英语交流环境中，这是导致高职学生英语口语能力难以提高的一个主要原因。

三、信息化教学模式下开展高职英语口语教学的优势

（一）激发学生的学习兴趣

兴趣是最好的老师，高职学生只有对学习英语口语具有足够的兴趣，才会愿意积极主动地学习这门知识、掌握这门技术。由于高职学生英语口语基础较差，且高职英语口语课程本身难度较大，多数高职学生都对英语口语学习感到"头大"，更无从谈论兴趣。

如果教师在教学过程中充分运用信息技术，在信息化教学模式下开展高职英语口语教学，则能够将原本复杂难懂的知识变得清晰、简单，将原本枯燥的学习过程变得生动、有趣，从而有效激发学生的学习兴趣，促使学生积极主动地练习英语口语技能。

（二）有效扩充课堂容量

传统的高职英语口语教学大多采用的是"灌输式"教学模式，在这种教学模式下，一节课大部分时间都用来给学生讲解理论性的英语口语发音技巧，看似整堂课都排得满满当当，但实际上一节课真正能教授的东西很少，教学效率偏低。此外，由于高职院校每学期安排的英语口语课时并不多，若每节课的教学内容偏少，那么整学期能教给学生的东西就不多。如果在信息化教学模式下开展高职英语口语教学，则能够将海量的学习资源整合在一起，并通过多媒体工具等展现在学生眼前，实现知识的碎片化学习，有效扩充课堂容量，提高教学效率。

四、信息化教学模式下高职英语口语的教学目标

信息化教学模式下高职英语口语教学的目标有三：一是利用信息化技术和广阔的信息资源，使高职学生更加简单地理解听力内容，能够抓住要点与外教进行有效的沟通和交流；二是使学生熟练地应用手机、电脑、平板等设备进行自主学习，并具备在在线学习平台上查看资料、分组讨论、探究问题、发起话题及上传作品的能力；三是使学生有效模仿各类视听材料中的语音语调，并自主完成相应的配音练习。

五、信息化教学模式下高职英语口语的教学设计

（一）课前任务布置

教师提前在在线学习平台中上传课前自主学习任务单，导入相应的微课视频和课上需要讨论的话题等。学生在在线学习平台上自主查看教师发布的内容，并依照要求进行自主预习、观看微课视频，同时记录下不懂的问题，以便在课堂上与教师和其他学生交流探讨。

（二）课堂自主学习

1. 点名分组

课堂伊始，教师首先利用在线学习平台中的 GPS 点名功能，或者通过扫描二维码的方式对学生进行考勤，然后对全班学生进行合理分组，让学生以小组为单位开展自主学习。小组分配需合理，保证每个小组内既有男生，也有女生；既有英语口语基础较好

的学生，又有基础较差的学生；既有性格比较开朗的学生，又有比较内向的学生。使组内成员均发挥特长，优势互补。

2. 第一环节

课堂第一环节主要是采用翻转课堂的模式，让学生按照组别依次对课前布置的微课进行探讨，发表见解，有疑问可以提出来，并经与其他同学讨论找出答案。

3. 第二环节

课堂第二环节需要由教师在大屏幕上给学生播放一段与教学内容相关的生动有趣的视频，然后让学生在小组内针对该视频的内容讨论十分钟，十分钟后由每个小组选派一名代表依次到讲台上阐述自己小组的讨论结果和观点。最后由教师进行阶段总结和点评。

4. 第三环节

课堂的第三环节主要是配音练习，教师需要事先指导学生下载好相应的配音 APP/APK，然后在课上为学生展示一段欧美原音的电影视频，将这段视频中的配音文字资料上传至在线学习平台。学生首先针对这段视频对话中的重难点词语进行讨论，然后分配不同的角色，互相配合演绎这段内容。教师需要在课堂上拿出一定的时间让学生进行排练，再由每小组依次到讲台上进行配音表演。最后由全班学生投票选出最佳配音小组，由教师进行阶段总结和点评。

5. 第四环节

课堂的第四环节主要是记忆游戏，现代教育主张"寓教于乐"，让学生在"做中学"，高职英语口语教学也不例外。教师可以让学生以小组为单位练习"What do you always do?"的句型及表达相关个人习惯的词汇，可以先让第一个学生说出自己的习惯："I'm always doing sth."，接下去的学生先说出自己的习惯，再重复说出前一个（或前几个）学生的习惯："I'm always doing...she is always doing...he is always doing..."，依次类推，逐渐增加难度，不断强化学生听的能力、记忆单词的能力和运用句型的能力。

6. 第五环节

课堂的第五环节主要是话题辩论，即先由教师给学生提出一个辩论话题，然后全班学生分成两大组，一组为正方，一组为反方。分组完毕后先让学生用十分钟的时间在网上自主搜集相关资料，然后每组推选 4 名代表到台前辩论。正反双方的第一辩手先做一两分钟的个人总陈述，然后双方团队展开的三五分钟自由辩论。此环节与高职英语口语技能竞赛环节紧密联系，具有较强的针对性。

（三）课堂总结与作业布置

在一节课的最后由教师做课堂总结，并给学生布置课后作业。教师将作业上传到在线学习平台，让学生课后自主完成。学生将完成的作业同样上传到平台，由教师在网络上评价打分。

随着社会对英语人才的需求逐渐增加，尤其是在"一带一路"倡议下，高职教育应当更加重视英语口语教学，并且在开展英语口语教学时，应积极运用现代化的信息技术。信息化教学模式不仅能够有效激发学生的兴趣，提高学生的学习积极性，更能够翻转课堂，突出学生的课堂主体地位，给予学生更多的自主学习及实践机会。

第四章 信息化背景下高职英语教学能力的培养

第一节 高职英语教师信息化教学能力的现状及培养

《教育信息化"十三五"规划》提出：依托信息技术手段，营造智慧教学环境，促进教学理念、教学内容和教学模式的改革，提高教师利用信息化教学手段创新教学的能力。《教育信息化 2.0 行动计划》指出：积极推进"互联网＋教育"，坚持信息技术与教育教学深度融合的核心理念，建立健全教育信息化可持续发展机制。由此可见，在未来教育发展中，信息技术与教育教学的融合起着非常重要的作用。

高职院校能否在教育信息化的背景下推进教育教学改革，提高人才培养质量，很大程度上取决于高职教师的信息化教学能力。因此，探讨高职英语教师的信息化教学能力影响因素不仅对提高高职英语教师的信息化教学水平具有重要意义，也能为其他专业高职教师信息化教学能力的科学化发展提供参考经验。

一、高职英语教师信息化教学能力现状分析

为了获取高职英语教师信息化教学能力的真实水平，本研究选取湖南五所高职院校的英语教师作为调研对象，设计"高职英语教师信息化教学能力调查问卷表"。内容包括高职英语教师的信息化教学意识、信息化教学应用、信息化教学培训等相关问题。本问卷调查共发放问卷 120 份，回收有效问卷 98 份，通过分析发现，目前高职院校英语教师信息化教学能力主要呈现三个特点：

（一）将信息化教学手段运用于常规教学实践的比例还有待提升

具备信息化教学意识，是高职英语教师信息化教学能力的关键因素。调研问卷结果显示：67.5% 的高职英语教师表示愿意在英语课堂教学中主动使用信息化教学手段；18.5% 的教师觉得在英语课堂教学中适当地使用信息化教学手段是可行的；10.5% 的教

师表示不太愿意刻意在英语课堂教学中使用信息化手段；还有极少部分教师完全不愿意在教学中使用信息化教学手段。问卷调查结果还呈现三个趋势：①从年龄上比较，40岁以下的教师比40岁以上的教师更愿意在课堂教学中使用信息化教学手段；②从学历角度看，学历相对较高的教师更愿意使用信息化教学手段；③从性别上看，男教师普遍比女教师更愿意使用信息化教学手段。

但在实际教学中，真正将信息化教学手段运用于课堂教学的频次还有待提高。问卷调查发现：经常在常规教学中使用信息化技术手段的占总调查人数的59.5%；偶尔使用的占调查人数的19.5%；基本不使用的占14.5%；从来不使用的占比6.5%。总体来看，大部分高职英语教师还是使用了信息化教学手段的，但在信息化普遍应用的当今社会，比例还有待提高。

（二）信息化教学手段的运用比较单一

熟练地使用信息化教学手段，是高职英语教师有效开展信息化教学的前提。问卷结果显示：大多数高职英语教师（占79.5%）能运用学习通、雨课堂、云班课等教学平台进行签到、抢答、课堂测验、布置作业和考试；还有一部分高职英语教师仅会使用签到、抢答等部分功能；也有少部分教师基本上没有使用过教学平台进行教学。但大部分教师仅限于使用常用的教学平台，真正能将适用于英语学科的信息化教学手段应用在课堂教学中的还是少之又少。如英语常用的语音测试软件、口语软件、英文写作批改软件等基本上仅出现在教师职业能力比赛中，很少出现在常规的英语课堂教学中。

还有部分高职英语教师表示，随着现代各种信息技术的飞速发展，信息技术手段的种类越来越多，因此如何选择最合适的信息技术手段也是教师面临的问题。

（三）教学实践中仍然以传统评价为主

信息化教学评价能综合运用总结性评价和形成性评价对教学质量与学习效果进行反馈，便于教师了解教学真实情况并及时进行修正和反馈，从而指导后期教学。因此，信息化教学评价在信息化教学过程中占据非常重要的地位。由于现代信息技术的发展，各大教学平台如学习通、云班课等均对信息化教学评价提供了技术支持。基于教学平台，高职英语教师能对学生的出勤、课堂反应、作业完成及考试情况进行全程评价。但大多数的高职英语教师（85.5%）仅限于利用教学平台提供的功能进行评价，对于与学科相关的信息技术手段的应用还有待提高。

调查结果还显示，尽管大多数高职英语教师能够使用信息化教学手段进行评价，但在实际的教学过程中，一半以上的教师还是会因为自身知识、时间以及学校考核评价制度的问题，倾向于采用传统教学评价模式，关注考试结果。但这样的评价往往缺乏形成性的过程评价，不利于发挥学生学习的积极主动性。

二、高职英语教师信息化教学能力的影响因素

影响高职英语教师信息化教学能力的因素较多，也有众多学者从信息化教学意识、学校政策、资金投入等多个角度对影响教师信息化教学能力发展的因素进行了探讨。如樊笑霞在调查后发现，教师的信息化教学能力不足主要是因为职前了解不够和入职后没有继续进行相关培训。赵晨从学生、教师自身、学校层面和外部技术四个方面探讨了高校英语教师信息化教学能力的影响因素。基于前期专家和学者的研究结果，结合调查问卷的反馈情况，本节笔者从主观和客观两个角度对高职英语教师的影响因素进行分析：

（一）主观因素

高职英语教师信息化教学能力受个人主观影响较大，主要包括高职英语教师信息化教学意识、信息化教学基础和信息技术学习能力三个方面。

具备较好的信息化教学意识是高职英语教师提升自身信息化教学能力的前提。高职英语教师能否从观念上接受信息化教学，决定了他们能否更新教学理念，采用信息化教学手段改变传统教学模式。只有从观念上意识到信息化教学在现代教育教学中的重要性，高职英语教师才能在教学过程中主动采用信息技术手段，实施信息化教学。此外，对信息化教学的主动性也会推动高职英语教师在实践中探索信息化教学，提高信息技术手段使用的熟练度。

信息化教学基础也会影响高职英语教师信息化教学能力的提升。受年龄、性别和学习兴趣的影响，高职英语教师信息化教学基础差异较大，掌握各种信息技术手段的程度不一。从年龄上来看，40岁以下的青年教师信息技术手段的掌握程度较好，也能在教学过程中较好地使用信息化教学手段。而40岁以上的教师对信息技术的掌握程度要低于40岁以下的教师，课程上使用信息化教学手段的频次也低一些，个别年龄较大的教师不太接受也不使用信息化教学手段。从性别上看，男教师对信息技术掌握的程度普遍要高于女教师。信息化教学基础还受教师个人兴趣的影响。

高职英语教师要与时俱进，不断学习掌握各种信息化教学手段，并将信息技术教学手段应用于课程教学。另外高职英语教师还要主动将英语学科特点与信息技术相融合，对教学过程进行信息化教学设计，以提升信息化教学效果。

（二）客观因素

高职英语教师的信息化教学能力也受外部环境、学校考核制度及相关政策等客观因素的影响。

良好的教学环境是教师开展信息化教学的前提条件，也是影响高职英语教师发展信息化教学能力的重要因素。高职院校要完善信息化教学软件和硬件建设，配备能实施信息化教学的各种教学设备，建设智慧教室，提供进行信息化教学的环境，为教师信息化教学能力的提升创设条件。同时，从学校到二级学院再到教研室都要鼓励教师积极使用信息化教学手段，定期召开经验交流会，分享信息化教学的相关经验，共同提高信息化教学能力。

学校到二级学院制定的相关激励措施和规章制度也能影响高职英语教师信息化教学能力的提升。要适应信息化教学的需求，需要教师投入大量的时间和精力。为了更好地激励教师开展信息化教学，提升信息化教学能力，学校层面和二级学院要出台各种激励政策和奖励制度，尤其是与绩效工资、评优评奖、职称评定及专业发展相关的规章制度，从而推动信息化教学的发展。另外各种教学竞赛，如教师能力大赛、微课大赛和在线课程大赛等相关赛事，都能有力推动高职英语教师信息化教学能力的发展。

《国家教育事业发展"十三五"规划》《教育信息化2.0行动计划》等相关文件都强调了要积极促进信息技术与课程教学的有效融合，提升教师的信息化教学能力。这些文件的颁布也激发了高职英语教师提升信息化教学能力的主观能动性，有助于高职英语教师信息化教学水平的提高。

教育2.0时代，信息化教学是高职英语课堂教学改革发展的必然趋势。高职英语教师信息化教学能力的发展对推动高职英语学科教学改革具有非常重要的意义。但现阶段制约高职英语教师信息化教学能力发展的因素较多，高职院校还要加强对高职英语教师信息化教学能力影响因素的研究，从多层面优化各种激励措施和规章制度，提升信息化教学硬软件环境，促进高职英语教师信息化教学能力的提升。

三、高职院校英语教师信息化师资建设的必要性

（一）能培养学生英语的综合运用能力

教师要帮助学生进行小组合作式学习，为学生创造良好的学习环境，使学生可以通过教师呈现的优质的教学环境更好地将自身的学习情绪带入到学习情景中，从而获得更好的学习心态。不断深化教师与学生之间的了解，能够推进课堂教学的进度和方向，为学生创建更良好的教学体验。在教学的过程中，教师要具备一定的沟通和分辨能力，通过将学生划分为不同的小组让学生学会协同与合作，使学生在遇到学习方面的问题时要不断进行自我能力的检验并适当求助教师，从而加深教师与学生之间的互动性，让教师在不断提高自身管理教学水平的同时加深对学生的了解。为了学习进程更好地开展，教

师要不断培养学生的英语综合运用能力，从而提高学生的综合水平。英语教师信息化团队需要具备的首要条件就是要有科学精神，教师团队要给学生提供最优质的教学资源服务。在教学过程中，教师要不断对学生的学习情况做出反馈和总结，对学生的现阶段学习状况要有深入的了解，为学生选择更适合学习的教学手段。教师要不断进行教学理念的更新与换代，进而可以随时更新高职院校的英语教学的理念与教学手段。

（二）英语教师信息化可以提高师资的力量

学校要不断更新教师团队的师资力量，对其中能力较差并且不思进取的教师进行替换，为教师团队不断提供更为优质的教师资源，让学生从不同教师的教学过程中体会到不断变化的学习氛围。学校通过向全社会招募更多优秀的教师来壮大高职院校的英语教师团队，从而筛选出更为优秀的人才教师，不断增强教师团队的专业性，让教师团队能够在教学之路上稳步前进，为学生带来更为高效的课堂教育，拉近与学生之间的距离。教师更要让自身能力稳步提高，在不断提升综合能力的同时发挥对学生学习进程的指导作用，才能够让学生在课堂的学习过程中逐渐树立学习的自信，更好地享受课堂，为日后的英语学习奠定良好的基础。

四、高职英语教师信息化教学能力的培养策略

（一）对教师进行信息化的技术培训

对高职院校的英语教师进行相应的技术培训，以此提高教师的信息技术能力与水平，是教师信息化团队建设过程中最基础的工作。只有当教师掌握一定的信息技术，才能更好地建成信息化团队。高职院校自主编制课件的能力非常重要，教师可以通过做出更有趣味性的教学课件来帮助学生更好地进行英语专业的学习，从而在教学过程中吸引学生的注意力，如此一来可以帮助学生建立更好的学习兴趣，提高学生的学习效率，使教学过程变得更高效和有趣味性。教师要不断提高制作 PPT 的能力和水平，将课程 PPT 制作得更具吸引力和专业性，使教学内容能够更直观地呈现在学生面前，并增加对各大交流软件的使用频率，如 QQ、微信等社交软件。这些都是信息化教学团队建设的基本内容之一。

（二）建立更加广阔的信息资源共享平台

如果英语教学只局限于单一的课本训练，久而久之学生也会产生消极的学习状态，不利于学生的学习。因此，要不断开拓学生的学习范围，实现院校之间的教学资源共享，并且通过教学借鉴不断完善教学模式，不断改进自身的教学方法及丰富课堂教学内容。

高职院校应建立更为广阔的资源共享平台，将各种教学资源整理与混合，将不同种类的教学资源传送到教师手中，从而促进教师的教学手段，帮助教师在此环节中更高效地完善教学的管理模式。教师要对英语的教学信息和资源进行分类管理，如分为课前预习、课中授课及课后复习资源，在这三大资源库中，学生可以通过自身的学习需求有针对性地选择资源。

（三）利用信息技术加强与外界的交流

信息化教师团队具有更为开放性的特征，而好的团队要求教师在教学过程中不断提高自身的教学实践能力。合格的英语教师信息化团队一定要与外界密切联系，要通过学校与学校之间的交流，与各个院校的英语教师相互借鉴，取长补短，丰富教学的重点与难点，不断提高语言的实践运用能力。

信息化团队的优质建设能够顺利解决课堂中出现的问题，因此要加强高职院校英语教师信息化教学能力的培养。教师在接受信息化教学能力培养后，不仅能很好地了解教学过程中的短板，还能切实拉近自己与学生之间的距离，让学生与教师之间的联系更加密切，有助于顺利地开展教学课程。教师要利用多种信息化教学手段帮助学生在课堂上建立新的教学模式体系，让学生在学习过程中更好地吸收和理解英语知识。

第二节　高职英语教师 SPOC 信息化教学能力的培养

SPOC（Small Private Online Course）是指小规模限制性在线课程。小规模在线课程教学模式为高职英语教学提供了有效的途径。在"互联网+"时代，高校教师信息化教学能力是影响高职教育重构的直接因素。所以，高职英语教师 SPOC 信息化能力培养机制是不可或缺的。实践表明，在信息化教学能力机制的培养下，高职英语教师的教学能力得到了提升。教学双方在 SPOC 信息化教学模式下得到双赢。

SPOC 小规模在线教学模式是一种利用网络信息技术的教学模式。SPOC 包括在线学习、线下教学、互动交流和在线评价 4 个教学环节。有学者认为 SPOC 的意义在于它不只局限于当前的教室课程，而是让教学变成更有效、更灵活。在信息技术与课堂教学不断融合过程中，教师如何更新教学理念和知识体系，全面提升自身的信息化教学能力，是高职学院全体教师急需解决的问题。所以，如何借助基于 SPOC 的混合式教学模式，为在校学生提供丰富多样的课程资源，将线上优势资源和传统课堂教学相混合，变革教学模式、提升教学质量、丰富教学资源是高职英语教师的首要任务。

一、构建 SPOC 混合式信息化教师教学能力的培养机制

教师信息化教学能力发展既有内部因素，也有制约其发展的外部条件。两种因素是在一定的系统中相互作用，教师的个体因素、社会性因素和院校内部的不确定因素都会影响教师信息化教学能力的发展。教师 SPOC 信息化教学能力在社会因素、学校因素和教师因素张力的相互作用下发展，提高教师的信息化教学意愿，挖掘与创造教师的信息化教学智慧是非常必要的。当然，这是一个动态的不断发展的过程。探讨社会因素、学校因素和教师因素如何在相互作用下促进教师 SPOC 信息化能力提升是一个重要课题。

英语教师在教学中要适应互联网信息化时代的需求，不断地提高教学能力，储备一定的信息化教学知识。教学能力只有在不断摸索、不断改革中才能得到提高。所以，只有加强和深化外语教育教学改革，现代化教学才能不断深入、不断前进。英语教师除了深化教学改革，探求教学方法以外，还要不断提升自己的信息化教学意识，获取一定的信息化知识，不断完善自己的信息化教学能力。教师可以对网上现有的信息化教学资源进行筛选，选用适合具体教学情况的，并对其进行教学验证，分析其应用效果。另外，还可以在已有的和学校内部的精品课程中加入线上教学的具体环节和功能，对其进行修改与打造。另外，高校应给教师提供必需的信息化教学环境。学校可以给教师提供良好的学术科研氛围，派送教师参加重大的培训课程，还可以在校内开展一些理论培训与实践操作演练。这一系列措施都能提高教师的 SPOC 信息化教学水平。

随着社会的信息化水平的快速增长，教师知识结构和综合素质已不能满足当前的教学需求。要应对新形势和新变化，就要提高教师的信息化教学能力，建立一套系统的培养机制。因此，研究者和实践者在发掘教师专业发展中应不断创新、寻求与发现先进的应对措施，以提高教师信息化教学能力。

构建信息化教学平台、健全信息化能力培养机制的关键是要加快教育改革的步伐。信息化社会中教师专业发展的核心就是能力培养。教师应该充分利用信息资源，确保教学任务的实施与完成，体现教师综合能力，促进教学的发展。

二、SPOC 混合式信息化教学中教师教学能力培养机制的实用性

社会不断地发展和变革为信息化教学中教师教学能力的培养和提升提供了实践基础。新技术、新理念不断地应用于各个行业和各个领域。高校的信息化教学环境建设给教师提供了培养和提高信息化教学能力的平台。教师在学校的大力支持下，要不断地营造良好的学术氛围，积极参与培训和学习，提升自己的信息化教学能力。互联网与智能

移动技术为教师开辟了新的教学环境，网上的协同学习小组为教师 SPOC 能力的提升与发展提供了有效途径。教师通过各种平台的学习，可以获取专家的经验和理念，使自己的信息化能力水平得到一个飞跃。教学平台和网络资源构建后可以在一定范围内推广，让更多教师受益。

SPOC 混合式教学改变了教师的角色，教师只是教学中的指导者和组织者，学生才是学习的主体。教师要利用信息化手段、资源和技术指导学生进行线上线下的自主学习。所以 SPOC 教学是"互联网 +"在教育领域的必然趋势，是教学模式改革的一大突破。实践证明，教师在现有网络和技术的支持下，可以将传统的课堂教学与信息技术进行完美结合，充分发挥互联网的优势，把线上网络教学和线下课堂教学融为一体。

三、教师 SPOC 信息化能力在实践和教学中不断提升

经过不断探索和实践，广大外语教师已经充分意识到了网络信息、线上平台对于开展现代教学的重要性。外语教师已经成为互联网信息学习与技术接受的设计者和评估者，已经储备了大量的线上、线下的知识与技能，习得了获取、评价、处理、管理、整合、交流和研究能力等一系列的信息技术能力。

（一）教师已获取了 SPOC 信息化能力提升的必备条件

随着"互联网 +"教育工程在国内不断兴起与发展，信息化教育资源与资源库的建设提升到了一个新的水平。教育部全面规划布局，各省、市都建立了职业教育专业教学资源库。目前，专业教学资源库从初期的建设大步迈入了科学使用，进而向跨越式发展的时代。很职院校投入许多经费来提升软硬件设备，增加各学科信息化教学的实施与优化，使各院系的课程建立了完整的课程资源库。

近年来，全国以及各省、市信息化培训机构举办了各种类型的培训课程与竞赛活动，外语教师积极参加培训，年轻教师不断进取，在各种信息化大赛中频频获奖。同时，高职院校结合学科现状和特点对教师进修信息化技术培训，有的学校聘请信息化专家来校讲课。所有这一切都有助于广大教师掌握 SPOC 课程制作的知识，教师的信息化能力得到了显著提高。

（二）SPOC 信息化能力培养机制下，有关英语教师能力的问卷调查与分析

此次问卷调查是针对湖南几所高职院校展开的。问卷分为两部分：一是英语教师对教学信息化资源的使用情况和教师 SPOC 能力的提升情况；二是通过网络平台、微信群对广大英语教师和学生发放问卷调查表。问卷第一部分向英语专业学生发放，发放问卷50 份，回收 48 份。问卷第二部分重点向服装专业、环境设计专业学生发放，发放问卷

200 份，回收 185 份。

高职英语教师 SPOC 信息化教学能力迅速提升。各高职院校英语教师经过一年的教学实践，信息化 SPOC 教学能力在"互联网+"时代中得到了提高与发展。教师们打破了传统的课堂教学模式，利用线上和线下模式教学，使学生不受时间限制，利用互联网进行定时、定量的自主学习。根据调查问卷反馈的情况来看，有 98% 的英语教师在能力培养以后，能够利用多媒体设备制作微课视频，使用图像处理软件、视频音频编辑、录屏录课软件、动画和网页制作等。90% 以上的教师能得心应手地运用线上线下模式完成既定的教学任务和计划。

学生对教师能力表示满意。通过一年的 SPOC 在线学习，学生能够适应教师的教学，能够按照教师的要求完成各阶段的学习任务，做到课前和课后利用在线资源学习和探讨各个语言点和学习内容，培养和提高了学生的自主学习能力。大部分学生能在课中环节积极向教师提问，解决在线上学习过程中遇到的难点。调查问卷结果显示，90% 以上的学生对教师的教学方法与能力给予了肯定。

研究证明，SPOC 混合式信息化教学的实施提高了教师信息化教学能力。同时，教师在具备这些能力之后能更好地为教学服务，使高职英语的教学水平不断提高。

第三节　信息化高职学生英语自主学习能力的培养

高职公共英语的教学目标是使学生具备良好的自主学习和英语语言综合运用能力。本节将从自主学习领域着手，在了解高职学生英语自主学习现状、摸清存在问题的基础上，依据高职学生的学情与需求，借助信息技术的优势，提出培养高职学生英语自主学习能力的信息化策略。

一、英语自主学习的理论背景

自主学习作为当前教育研究领域的一个重要课题越来越受到关注，自主学习研究起源于两千多年前的古希腊时期，有着悠久的历史。20 世纪 60 年代后，自主学习的研究逐步成熟，并成为教育教学领域讨论的热点。语言教育学家亨利·霍莱克（Henri Holec）将"自主学习"的概念引入外语教学，认为自主学习就是学生在学习过程中能够对自己的学习负责。自主学习包括确定学习目标、决定学习内容和进度、选择学习方法和技巧、监控学习过程、评估学习效果五个方面的决策活动。

在国内，英语教育者一直致力于研究如何创新高职英语教学模式、改进教学方法、创新评价体系等，对自主学习的探讨、研究主要涉及自主学习理论的分析、学生自主学习能力的培养、影响学生自主学习的因素与对策等。而以信息技术为着眼点探讨高职学生英语自主学习能力培养方面的实证研究较为有限，因此本研究具有一定的创新意义和实践价值。

二、高职学生英语自主学习存在的问题

高职教育作为我国教育体系重要组成部分，经历了三十几年的发展，已占据我国高等教育的半壁江山。教育部颁布的《高职高专教育英语教学基本要求》明确提出："高职英语课程是高等职业教育学生必修的一门基础课程，是为培养面向生产、建设、服务和管理第一线需要的高技能人才的目标服务的。"高职英语课程开设的目的是使学生掌握有效的学习方法和策略，培养学生的学习兴趣和自主学习能力，提高学生的综合文化素养和跨文化交际意识，为提升学生的就业竞争力及可持续发展打下必要的基础。由此可见，培养高职学生英语自主学习能力已成为当前高职英语教学的重要任务。

事实上，英语学习一直都是高职学生的一大难题。在"教师讲+学生听、课堂教材+课后作业"的传统英语教学模式下，学生缺乏主动学习的自觉意识，"填鸭式""被动式"色彩浓重，高职英语教学遭遇了发展瓶颈。高职学生的自主学习能力也不尽如人意，高职院校的学生普遍存在自主学习意识淡薄、学习动机不明确、缺乏自我管理和监控能力、英语学习情绪化、学习兴趣不高以及信心不足等问题。依托课题项目，笔者和课题组成员通过选取调查对象、发放调查问卷、组织学生访谈等形式对学生英语自主学习情况进行了探究，找出了高职学生英语自主学习过程中存在的问题和困惑。

（一）问卷结果描述

问卷结果显示，49%的学生没有自主英语学习意识；87%的学生没有科学的学习方法。关于学习目标问题，52%的学生选择"按照教师的要求去做"；37%的学生基本没考虑过学习目标；只有11%的学生选择自己制订学习目标。53%的学生表示缺少课堂以外的语言学习环境；76%的学生认为学习兴趣是影响英语自主学习的一个原因；69%的学生对英语学习过程和效果没有进行过评估。只有部分学生学习英语的目的是获取学习技能，而多数学生表示只是出于就业、升学等目的才考虑选择学习英语，对英语学习兴趣不大，信心不足，意识淡薄。

（二）访谈结果描述

课题组随机抽取了5名学生，围绕英语学习动机、自主学习意识、学习方式、学习

策略与方法、学习评价开展访谈，了解到学生当前自主学习存在的问题主要包括以下方面：

学生英语学习动机有偏差。高职学生学习英语的主要目的是通过各类考试，如学校英语课程考试、高等学校英语应用能力考试、大学四级考试等，而并未考虑到学习后如何运用。

学生自主学习意识淡薄。目前大多数学生的英语学习主要依靠教师的监督，无法达到最佳效果。

没有形成适合自己的学习策略、方法与模式，无法针对自己的特点开展专项练习。学生多围绕教材开展自主学习，学习模式单一，无法达到预期效果。

缺少英语学习环境。学生往往习惯课堂学习，认为只有英语课堂才能为英语学习提供语言氛围。

缺乏自我评估。多数高职学生缺乏对学习过程的反思和总结，未能在学习中找到难点和弱点，学生无法对自己当前的水平做出准确判断。

三、基于信息技术的自主学习能力的提升策略

（一）利用信息技术培养学生的自主学习意识与学习兴趣

良好的自主学习意识是培养学生自主学习能力的关键要素和先决条件。培养学生的自主学习意识有助于学生积极参与学习活动，进而主动获取英语语言知识，锻炼英语语言综合运用能力。自主性是学生学习的内在动力，是实现自主学习的根本。教师可以结合阿里钉钉平台和随行课堂 APP，开发和利用网络信息资源、丰富教学内容、创设教学情境、搜集教学素材、制作微课等，并上传网络平台，运用多媒体将视频、声音、文字、图像等教学信息生动形象地呈现在学生面前，在课前、课中和课后实施英语信息化教学，从而激发学生的英语学习兴趣，增强学习的积极性，使学生养成自主学习的意识和习惯。

（二）利用信息技术丰富学生学习方法与形式

信息技术能够鼓励协作学习，丰富学生自主学习形式。学生可以组成学习小组，小组成员随时在线学习、相互讨论、协作学习，锻炼听说能力，不受空间局限；学生还可以利用信息技术共享海量资源，制作学习 PPT，录制音频、视频等。学生使用信息技术手段做好课前预习，利用互联网、多媒体、数字化平台等资源进行辅助学习。教师还可以拓展教学形式，加入英语朗读、复述、对话演练、辩论、情景模拟。同时，教师能在学生自主学习过程中进行过程指导，使课堂教学与自主学习结合起来。

（三）利用信息技术共享优质资源，构建优质学习环境

通过扫码在线学习，可以享受教材、练习、试题、视频等多种学习资源。利用钉钉等数字化平台发布学习任务、组织小组讨论、分享学习心得，教师在线答疑；利用随行课堂等开阔学生眼界，提供新鲜的学习资讯；利用词汇学习平台开展日常词汇学习和随堂或课后词汇测试，结合活动开展词汇竞赛，达到促进学习的目的；利用批改网批阅学生作业并及时反馈和评价，实现英语教学网络化、无纸化。

语言学习离不开环境，语言环境的缺失会严重影响语言知识的摄取。而和谐的师生关系是学习的基础。因此，多渠道创建理想的校园学习环境，营造学习英语的浓厚氛围，有利于学生形成英语语言思维，提高学生的自主学习能力。教师应根据教学内容需要，适当运用多媒体等辅助教学，创设真实情景，营造具体环境，让学生在情境中学习、模拟、演练以至运用语言知识。

现如今信息化高度发达，知识竞争、人才竞争尤为激烈，学生只有具备强大竞争力才能在今后的竞争中占有优势。因此，无论从社会需求、就业竞争力，还是人生发展来看，学生自主学习能力的培养都是重要一环。因此，积极践行基于信息技术的自主学习能力培养策略，对于不断提升高职学生英语自主学习能力意义重大。

第四节　信息化背景下高职英语教师自身素质的培养

随着我国教育信息化建设的稳步推进与高等教育改革的持续发展，信息技术已经逐步成为高等院校及高职院校培养高素质技术型人才的重要途径。我国教育部明确提出，要通过建设信息化教育体系促进优质教育资源的普及与共享，逐步将信息技术融入教育教学的各个环节之中，实现教育思想、教学方法及课堂模式的创新，以教育的信息化带动并促进教学的现代化。在此基础上，教育部还重点明确了对高职院校实施教育信息化的重要发展规划，以加快职业教育信息化建设，支撑高素质科技人才培养，并对高职院校师资队伍信息化教育水平提出了更为严格的要求。这就要求高职院校教师必须具备一定的信息化教学素质和能力，并能够将信息技术、网络资源等与课程教学紧密结合，逐步形成信息化教学环境下的现代高职院校教学模式。信息化教学环境下，我们提倡在高职英语教学中介入信息技术手段，基于信息化技术进行高职英语学科教学改革，促进现代信息技术与高职英语教学理论及实践之间的深度融合，推进高职职英语教学资源的信息化建设，着力提升高职院校英语教师的自我素质和能力。

一、培养与提升高职英语教师自我素质的必要性

信息化教学环境要求教师不断提高自身素质，掌握先进的教学原理和方法技巧，并能够在各个教学环节充分运用现代信息技术，打造高效课堂，提高教学效率和教学水平。英语教师作为高职院校英语教学活动的重要实施者，其专业发展及自我素质的提高必然要与教育形势和信息化教学环境符合，以适应现代教育改革的需求。《国家中长期教育改革和发展规划纲要（2010—2020年）》及2014年国务院印发的《关于加快发展现代职业教育的决定》都明确强调要全面提升高职院校教师信息化水平，强化现代信息技术应用能力培训，提高英语教师自我素质及能力，并以此作为教师评聘考核的一项重要依据。

在信息化时代的大环境下，信息技术是每个人都必须掌握的一项基本技能，更是我国高职院校教学过程中必不可少的一种新的教学工具和手段。高职院校英语教师担负着培养高素质技能型人才的教育使命，因此在信息化教学环境下必须要提升自身素质和能力，以培养信息素养和信息化教学能力为核心来提高自身的教学水平，促进高职院校英语教学整体水平的提升。

第一，强化高职英语教师自身素质和能力是教育信息化的必然要求。教育信息化是提高我国高等院校教学质量、推进高等教育改革、实现教育现代化的重要途径之一。我国高职教育逐步贯彻以信息化带动教育现代化的发展战略，要求高职英语教师必须加强信息技术学习，不断提高自身素质与教学能力。这是新形势下的教育信息化教学环境对高职院校英语教师及教学活动提出的客观要求，也是时代发展和教育改革的客观需求。高职英语教师作为教育改革的重要推手和实施者，必须做到与时俱进，要积极主动完善自身的信息化素养，通过学习不断培养和提高自身素质，以适应教育信息化。

第二，强化高职英语教师自身素质与能力是教学改革的必然选择。我国高职院校的教学目标是培养技术型人才，一贯坚持"能用为度，实用为本"的教学思想，围绕提高学生的实际操作能力、职业技能及表达能力等重要实践环节开展日常教学活动。目前，我国高职院校的英语教学正处于改革进程中，高职院校逐步推进主动性学习、个性化学习等以学生为主的英语教学模式，逐步体现出学生在教学活动中的主体地位。信息时代引发了大数据技术革命，信息化教学工具成为英语教学的一个重要变化，为英语教学提供了改革契机。高职院校的英语教师要不断提高自身素质，充分掌握信息化教学平台，学会整合利用丰富的网络教学资源，以崭新的教学手段和教学方法促进师生互动，促进教育改革。

第三，强化高职英语教师自身素质与能力是教师自我发展的需要。在信息化教学环

境下，教学课堂的信息化程度已经成为衡量英语教师信息化水平的一项重要标准，也是评价英语教学水平的重要指标。新时代的英语课堂必须要具有时代元素，而新时代的英语教师必须具有时代特征，信息化教学素质就是这种时代特征的最好体现。英语教师要快速适应教育思想和教学观念的改变，改进教学方法，运用信息化手段解决教学过程中遇到的问题，积极参与高职院校英语信息化教学模式的构建及教学研究等工作。

二、高职院校英语教师信息化素质及能力培养中存在的问题

我国高职院校整体教学水平还处于有待提升的基础阶段，很多高职院校对信息化教学技术的引入较晚，对教师信息化素质的培养也相对滞后，因此在高职英语教师信息化素质及能力培养过程中尚存在一定的问题和不足。

（一）高职院校教学管理者及教师的信息化素质培养意识淡薄

现今，世界发达国家已经将信息技术的掌握和应用能力作为高校及企业人才考核的重要评价指标。我国高职院校虽然已经引入信息化教育管理思路及信息化教学管理模式，但是这种引进只是形式上的生搬硬套，基本上没有进行优化调整。教学管理者并没有意识到对教师开展自我素质培养的重要性，人才考核评价依然沿用旧模式、旧方法、旧标准，对教师、学生的自我发展都形成了无形的约束。而作为教育工作者的教师，也没有彻底改变观念，没有冲破传统评价标准的束缚，一味迎合应试教育和传统教育观念，未及时掌握信息化教学环境下出现的各种新技能、新工具和新理念，没有对自我发展形成科学规划，缺乏自我素质培养意识和觉悟。

（二）高职院校缺乏有关英语教师信息化素质培养与提高的理论基础

随着信息化教学环境对高职院校教学活动的影响，部分高职英语教师认识到了信息化教学的重要性，开始注重信息化教学能力和自我素质的培养，通过互联网获取数字化教学资源，并希望建立信息化英语课堂。但是，大部分高职院校的信息化教育理论基础不够扎实和完善，没有形成自上而下的贯彻体制，对信息化教学改革也只是停留在喊口号的层面。由于理论基础不牢，英语教师对教育技术相关知识掌握不够，缺乏信息知识和基本信息理论，对校园网等既有资源的利用率也非常低，没有充分发挥出网络信息化平台的作用。高职院校对信息化教育的理论研究不强，直接导致高职教师缺乏对信息技术理论知识的学习和掌握，从根本上制约了英语教学的信息化发展。

（三）高职院校信息基础设施建设滞后，信息化水平和实践能力不高

信息化教学环境下，要培养高职院校英语教师的自我素质，硬件基础是前提条件。

可以说，校园信息基础设施的建设是实现职业教育信息化和前提。近年来，我国不少高职院校相继配备了信息化教学设备设施及网络教学系统，但是对这些先进设施的利用率并不高，对网络资源的开发力度也十分有限，没有实现对信息化教学资源的有效利用。

三、信息化教学环境下促进高职院校英语教师自身素质及能力的对策

信息化教学环境对高职院校教师素质提出了更为严格的要求和标准，不仅要求学校管理者要从观念上进行彻底转变，还要求教师要身体力行去推动高职院校的信息化教育改革，切实提高自身的信息化素质和教学实践能力，逐步推动高职院校英语教学工作水平。

第一，转变观念，树立全新的信息化教育理念，促进英语教师自身信息化教学素质的提高。观念影响行动，要改变高职院校英语教师信息素质及信息化教学能力整体偏低的现状，首先要转变教育观念，树立全新的信息化教育理念。教师自身信息化水平的提高完全建立在自愿的基础上，因此要解决高职院校英语教师自身素质培养与提高过程中遇到的各种问题，帮助教师及时转变教育理念。高职院校要结合自身的客观实情及现有条件，引入转化成熟完善的教师素质培养与提高相关的理论，有条件的可以转化成为自己特有的一套指导依据或纲领性文件，在全校范围内进行宣贯。教师要借助学校改革的力量，积极转变以往的传统教学观念，既要掌握使用多媒体设备进行英语教学活动的基本技能，还要以学生为主体进行英语课堂设计，充分利用多媒体教学工具和资源让学生获得更多的知识，彻底改变传统教育观念下学生被动、盲目学习的不良状态。同时，教师要坚持学习，自觉参加信息化教学培训，掌握更多的教学方法与技巧，提高自身信息化教学素质，推动高职院校信息化教学水平和我国高等职业教育水平的整体提升。

第二，强化基建，加强信息化教学设施系统建设，科学整合信息化网络教学资源。信息基础设施的建设与完善既是推进高职院校教育信息化的基础，也是提高高职院校英语教师自我素质的必要条件。我国高职院校对信息基础设施建设的投入相对较少，对现有信息基础设施的利用率也明显不足，因此在强化基础建设方面具有较大的提升潜力。一方面，政府部门应落实和跟踪各项政策法规的执行程度，逐步加大对职业院校信息化建设的投入，兼顾物资投入与技术引进两个层面的建设，为职业院校信息化建设提供保障；另一方面，职业院校应根据自身实际情况，自主配置相应的信息化教育基础设施，实现对现有教育设施的充分利用。在信息化教学设施系统建设的基础上，教师能够在信息化教学环境中进一步学习，提升自身素质和信息化教学实践能力，不断改良教学方法、

优化教学课堂，促进师生之间、学生之间的交流与协作。另外，学校应积极引进外部力量的支持，推进校企合作，通过利益互惠的方式吸引企业对高职院校进行投资建设，推动学校与企业之间的人才交流，并以此来增强职业院校的硬件和软件实力。

第三，重视培训，加强信息化教学能力的培训，提高高职英语教师的信息化水平。高职院校要提高英语教师自身素质，培训是不可忽视的渠道。随着我国教师年龄结构的变化，以及学科结构的多样化，教师培训需要与时俱进地做出相应的调整和优化。大部分高职院校通过专题讲座、优秀课程教学汇报等形式对先进的教学思路与方法进行交流学习，以此对本校教师进行信息化教学的培训。在我国，进修培训是促进教师专业发展和能力培养的传统方式。笔者认为，新的时代背景下，我们应对进修培训进行"改革"，可以通过短期培训、长期研修以及参与科研项目等形式，多角度对教师队伍进行素质培养和提高。高职院校应积极组织教师团队参加各类信息化教学比赛，在完成比赛项目的同时，总结经验和教训，为本校信息化教学改革提供参考素材。

此外，高职院校还应加强对教师的职业教育信息化管理，包括合理规划教师素质培养计划、积极组织实施信息化人才培育、建立健全信息化教学改革保障机制等。成立以院校级领导和教学主管部门负责人为成员的信息化素质培养领导小组，以各专业学科为分支机构，自上而下创造优良的氛围，积极引导教师提升自我素质。同时，要完善学生对教师自我素质培养的评价反馈机制，按照学期进行教师信息化素质及能力测评，让教师能够及时改正自身存在的问题和不足，更快更好地促进信息化素质的培养与提高。高职英语教师要从自身实际出发，克服种种困难，积极参加线上、线下相结合的学习培训，积极参与信息化教学实践活动，不断提升自己的专业知识水平和信息化教学技能，努力为高职教育的发展做出贡献。

当今，职业教育的信息化建设是推动我国职业教育建设的一个重要突破口。而高职院校英语教师自我素质的培养与提高，更是职业教育信息化顺利实现的关键因素。面对时代的机遇与挑战，高职院校英语教师要敢于创新、勇于实践，跟上时代步伐，通过提升自我综合素质和能力来促进我国高等职业教育事业的持续稳步发展。

第五章　信息化背景下高职英语教学改革路径研究

第一节　信息化背景下高职英语教学的现状及应用

现如今，信息化教学已经成为必然趋势。在高职院校教育改革与发展中，结合网络平台、多媒体以及远程教育等现代信息化技术，进一步推动学校教育教学的信息化建设是重中之重。对于高职英语教学来说，需要在信息化背景下实现高职英语教学的优化与创新。本节就信息化环境下高职英语教学现状及应用相关内容进行分析，指出信息化环境下高职英语教学的信息化应用策略，为高职英语教学活动的顺利开展提供一定建议。

一、信息化环境下高职英语教学的发展趋势

随着高等教育人才培养发展战略的变化，我国教育改革开放事业蓬勃发展，目前高职院校对学生英语语言综合应用能力的培养和重视力度是远远不够的。有的学生英语基础不好，课堂学习效率不高，难以跟上班级大部分学生的英语学习进度，无法熟练运用英语语言。久而久之，学生就会失去学习英语的兴趣，出现自暴自弃的厌学情绪，在之后的英语学习中更是会出现不理想的情况，更不用说培养学生英语实际运用能力和英语交际能力。

在信息化环境下，高职英语教学应当明确学科特点，明确人才培养目标，教师要利用先进现代教学手段，使得英语教学内容和理念都能得到充实展现与有效表达，从而全面提升高职英语综合教学质量与教学效率。在信息化环境下，高职英语教育模式要结合新时期信息化条件，充分体现出丰富教学情境中相关教学策略和教学方法的创新，有效应用现代化信息技术，实现高职英语教学和现代信息技术的有效整合，推动高职院校英语教学的进一步改革，加快高职英语教学中人才培养目标的实现。

二、信息化环境下高职英语教学应用探析

以信息化环境下高职英语教学应用来说，主要可通过建立信息化学习平台、创造信息化教学环境、强化教师信息化培训以及实施网络辅导等方式开展教学活动，以发挥出信息技术的优势作用，激发学生英语学习兴趣，调动学生在英语课堂中的学习热情与学习积极性，使高职英语课堂教学效率能够得到切实提高。信息化环境下高职英语教学应用探析，详细内容体现如下：

（一）建立信息化学习平台

建立信息化学习平台，不仅易于学生自主学习英语知识，还能开阔学生的学习视野，使学生学习到更多教材中不具备的英语知识，进而也能够使学生对英语学习的兴趣得到提升，对高职学生英语学习水平的进步尤为有利。所以，在信息化环境下的高职英语教学中，教师可积极为学生建立信息化学习平台，引导学生在该平台上深层次学习英语知识，不断在信息化平台学习中获得突破与进步，并自主去挖掘英语知识的深层次内涵，进而强化学生理解英语知识的能力，使学生能够在平台的帮助下，取得英语学习成绩的进步。

高职英语教师应善于借助信息技术将诸多学习资料与素材上传至信息化学习平台，以便于学生寻找英语素材与资料，帮助学生更好地学习英语知识。再者，教师也可上传一些习题、仿真模拟题以及听力稿，让学生能够在该学习平台自主进行习题训练，使学生的主动性得到提升，且通过这种方式也有助于高职学生增长知识，强化学生记忆英语知识的水平，从而推动高职学生英语学习水平的快速提升。

（二）创造信息化学习环境

学习环境对学生学习成效的影响是非常大的，好的学习环境，能够增强学生内心的愉悦程度，进而能够在学习中感到快乐；而沉闷的学习环境，会让学生感到英语学习枯燥乏味，进而产生对英语学习的排斥心理。可见，环境对学生学习的影响不容小觑。所以，高职英语教师应善于为学生创造良好的学习环境，更好地提升学生在英语学习中的积极性，使学生融入教师所创造的学习环境中，与同学共同探讨、分析英语知识，形成互帮互助的学习氛围，从中获得更多有益的知识。

对此，在信息化环境下，教师可为学生创造信息化学习环境，吸引学生参与。教师可借助信息技术，将英语知识以直观、生动的形式放映出来，带领学生在课堂进行观看，让学生在观看的过程中，落实对英语知识的初步认识，然后针对这些认识，引导学生探讨。如此势必能够强化学生对英语知识的理解，加深学生对英语知识的记忆，提高学生

运用英语知识的能力，使高职学生能够在英语课堂的学习中取得显著进步。

（三）强化教师信息化培训

强化教师信息化培训，一方面，应先根据教学过程中教师运用信息技术的实际情况进行有效培训，特别是要根据教师运用信息技术时出现的普遍问题来实施培训，以保障培训的有效性，进而凸显培训成效；另一方面，也可开展评比活动，评比教师的学习成果，这样不仅有利于激发教师的参与热情，还利于更好、更快速地提升教师信息技术水平，使教师能够在教学实践中，科学运用信息技术。

（四）实施网络辅导与指导

在信息化环境下的高职英语教学中，也能实施网络辅导与指导。传统的高职英语教学都是以课堂授课的形式来进行的，学生只能坐在座位上倾听教师讲述英语知识。这种教学方式有益处，但也存在害处，如课堂变通性与灵活性较低，对相关资源与素材的寻找也较为缓慢。所以，在现阶段高职英语教学期间，教师应善于运用信息技术实施辅导与指导。学生在实际学习中，遇到难题可及时借助信息技术寻求教师的帮助，以快速解决难题。再者，教师也可划分出几个网络小组，让学生以小组的形式在网络环境中共同探究英语知识，这种方式不但利于激发高职学生学习英语的热情，也能够使高职学生探究能力以及思考能力等获得提升，对高职学生长远发展十分有利。

总而言之，教师应重视运用相关信息技术，激发学生兴趣，提升学生在高职英语课堂中的参与程度，使高职学生英语学习能力能够取得进步与飞跃，最终彰显出信息技术的重要价值，进而实现高职教育更为长远的发展。

第二节　新媒体时代高职英语信息化教学的应用

新媒体拓宽了学生的知识面，也冲击了传统的高职英语教学。在这种情况下，信息化教学对保障高职英语教学效果有重要作用。本节通过分析新媒体时代信息化教学在高职英语教学中的预期作用和应用，对信息化教学过程中存在的问题提出了解决策略和创新思路。

一、信息化教学在高职英语教学中的预期作用

（一）激发学生的学习兴趣

新媒体时代，学生每天都能接触到丰富多彩的信息。高职学生的自主学习意识相对

较弱，在这种情况下如果英语教学枯燥呆板则很难引起学生的学习兴趣。任何学习都是兴趣先行，所以新媒体时代的高职英语教学要充分利用信息化手段，以此提高学生的学习兴趣。高职学生相对重视职业相关的专业课程，对文化课重视程度低，尤其不重视外语。将信息化教学应用于高职英语教学中，增加了多媒体元素，有助于激发学生的学习兴趣。

（二）引导学生自主学习

新媒体时代，琳琅满目的信息既影响了学生对信息的判断，又为学生提供了必要的学习资源。在高职英语教学中使用信息化教学手段，可以在教学内容和教学形式上与新媒体领域的英语教学接轨，从而起到用英语课堂引燃学生学习热情、引导学生自主寻找学习资源的作用。

（三）辅助扩充教学容量

高职英语课时相对较少，在有限的时间内，教师要尽可能扩充教学容量。然而，在黑板上罗列大量教学内容的结果是师生都很累，并且无法取得预期的学习效果。将信息化教学手段应用于高职英语教学，可以通过图片、文字、视频、音频等多种方式来丰富教学内容。例如，在讲解短语 let it be（顺其自然）的时候，可以播放电影《冰雪奇缘》的片段和主题曲。这时 let it go 会重复出现，学生一定会记得 let it go。然后，教师再趁热打铁，讲解 let 后面用动词原形，go 和 be 都是动词原形。这样，不仅教会了一个短语，还教会了动词 let 的用法。

（四）多元教学同步进行

传统教学理念下，英语教师会让学生死记硬背英语单词、词组和语法，用这种方式教学，效果不尽如人意。在以学生为本的教学理念下，学生的主体作用凸显，按照学生可以接受的方式来开展教学活动变得非常重要。高职学生大多是未能考上高中或高中成绩不理想的学生。这些学生对常规的文化课教学接纳和吸收程度不佳。将信息化教学手段应用于英语教学，可以充分利用互联网资源，让学生师从百家。同一个知识点，不同的教师有不同的教学方法。教育学相关研究结果显示，同一个知识点在不同的场景出现7次，一般就可以被永久记住。所以，教师可以用多种信息化教学手段来讲述同一个知识点，满足不同学生的需要并加深学生的记忆，提高教学效率。

（五）与时俱进课后延伸

新媒体时代，微课已经成为课后学习的常见方法。高职英语向课后延伸是非常有必要的，既可以增加隐性英语教学课时，又能敦促学生课后复习。一般情况下，高职英语课后作业的完成情况不太理想，学生对纸媒作业普遍比较抗拒，而充分利用信息化技术，可以让作业变得多样化。课后作业的主要目的是巩固或者复习，微课等形式的信息化作业方式，能够提高学生的作业完成率。

二、高职英语信息化教学的创新研究

（一）加强学校信息化教学的硬件设施

学校要想推进信息化教学，硬件是关键。第一，未实现信息技术覆盖课堂的高职院校要尽快实现全面覆盖，已经实现全覆盖的高职院校要进行升级更新。第二，教师的办公室除了要提供必要的计算机和互联网外，还要提供相应的数字图书馆中的教学资源。第三，学校信息化资源要有移动客户端，或者可以在微信上登录使用。总之，力求使教师和学生可以在家享受学校的网上教学资源。

（二）改进教学评价，培训教师的信息技术能力

信息技术应用于高职英语教学的效果不理想，归根到底是教学评价未对教师起到驱动作用。因此，学校应不断完善教学评价体系，并组织培训以提升教师的信息技术能力，使教师可以灵活运用互联网上的资源，并将其整合成自己上课的辅助素材。总之，教师的核心能力决定了信息化教学水平。

（三）创新公开课，优化教学模式

新媒体时代，教育必须与时俱进。第一，创新公开课可以将高职英语教师的信息技术化水平公开，在比较中找到差异，在缩短差异中成长。高职英语公开课，既是英语学习的殿堂，也是信息技术能力表演秀。第二，新媒体时代，学生和教师都能接触到自媒体，教师可以将自己的公开课放到个人主页上，通过教师的粉丝数量，可以看到学生对教师英语教学的满意度和认可度，可以促进教师自我成长和改进，有利于教师设计出更好的英语教学活动，更好地服务于高职英语教学。总之，要充分利用信息技术提高教学品质，利用新媒体的宣传和影响力驱使教师创新教学活动。

（四）创新各类比赛，激发学生的学习兴趣

利用信息技术资源开展各类英语技能比赛，在比赛中反思英语教学成果。将各类比赛发布在新媒体平台上，增加比赛冠军的荣誉感和知名度。充分利用新媒体的迅速传播作用和强大影响力感染其他班级和学校开展类似活动。校内和校际的比赛频率增加，驱动教师提高教学质量，激发学生的好胜心和荣誉感，进而更好地学习。

高职英语教学运用信息化手段是新媒体环境下的必由之路。随着新媒体的发展，学

生的社会背景知识增加，思想更加丰富，如果教师还使用传统的教学素材，会受到学生的挑战。因此，高职英语教师需要提升信息化应用能力，丰富教学内容，改进教学模式，实现课上教学与互联网资源接轨，让高职学生将英语掌握得通透，运用得灵活，从而有效辅助学生未来的职业发展。

第三节　信息化环境下高职英语微课教学的应用

目前，微课在我国的实际教学过程中得到了较为广泛的应用。这种教学的发展依赖当前高度发达的信息技术。根据笔者的经验以及相关的研究结果来看，学校领导以及当地教育部门应当加强对于英语教育的重视程度，这样可使高职教育英语教育质量得到较大的提升。

时代在发展，当前人们对于教育事业投入的关注度也逐渐上升，这不仅体现在我国的各种科技领域，也体现在对高职学生的英语教育方面。高职教育的英语教育是教育领域十分重要的部分，对提升学生素质有着较大帮助。而笔者在进行实际调查的过程中发现，当前很多高职院校对英语教学没有特别重视，并且缺乏专业的英语教师，这对英语教育的传播以及发展极为不利。再者，传统的教学方式已经不能满足实际的教学需求，因此在进行实际的教学过程中引入信息化教学手段是十分必要的。

为了更好地了解微课在高职教育英语教育课程中的作用，需要对其概念进行一定的分析。与传统教学方式相比，微课给学生提供重复性学习的机会，学生可以对没有听明白的部分进行重放，这就使得学生的学习质量得到较大的提升。并且随着微课的逐步推广，教师和学生也比较容易接受这种教学方式。当前的高职教育英语教学无法使学生真正地感受到英语的魅力，为了使学生能够在学习英语的过程中逐渐提升自己的审美意识，教师应该对教学方式进行一定的改革，使得学生对英语产生兴趣，进而提升学生的审美意识，促进我国信息化高职教育教学的进步。

高职教育教学的培养目标就是使学生熟练地掌握某项技术，因此不同专业的课程项目存在较大差距。由于高职院校设置的课程多以提升学生的实际操作能力为主，而英语课的学习并不会直接提升学生的专业技能，因此使得很多学校对英语课的教学没有投入较大的关注，英语教师的教学压力较大。

一、在高职教育英语教学过程中采用微课教学的作用

高职教育教学应该将以技能培训作为主要目标，调整为以促进学生的综合发展为主要目标。单单培训学生的技能不能保证学生的全面发展，因此应该对学生的品格以及学习能力培养多加重视。而微课就是为实际学习难度较高的部分专门制作的视频。学生可以利用这些视频在实际的学习过程中对这些知识进行重复的学习。这种学习不受到场地以及时间的相关限制，这对学生课后进行自学有着较好的效果。由于在微课视频的制作过程中，会增加一些课外的东西来帮助学生进行知识的理解，这也会使得学生对于知识的学习兴趣在一定程度上得到提升。

二、微课在高职教育英语教学的具体实施

在英语微课准备以及演示文稿的制作完成之后，教师需要根据前期的成果详细授课，授课是将前期准备完全输送给学生的一个十分关键的环节。教师在利用英语微课进行讲解时，不要一下将全部英语教育知识展现在学生的面前，而要尽可能地对学生进行引导，使得学生在教师的带领下通过自己的思考，享受探索新知识的过程。特别是挑选课堂中需要讲解的习题时，教师不仅应该尽可能地选择具有代表性的习题，通过这些习题使学生更加了解前面所讲的内容。在进行实际的教学时，教师不仅应该注意自己的语言表达，也应该注重培养学生的思考能力。与传统教学方式不同，由于在进行课堂教学的过程中，教师需要对全班的同学负责，就不能使学生对每个部分的知识都有较好的理解。一般课堂都是根据过去的教学经验对课程体系中的重点以及难点进行着重讲解，但是由于学生之间存在着较大的差异，这就使得学生在学习的过程中可能会存在与其他人不同的学习难点。而微课不仅会总结课本的内容，还可以在网上对学生的疑问及时解答。当学生对某个部分的知识有了更加详细的了解之后，就会增加其自身在学习方面的自信，在一定程度上也会使学生学习英语的积极性得到较大提升。

三、在进行英语教学之前进行课前自学

进行实际教学之前，需要学生提前对相关的教学知识进行预习。学生可以提前登录学校的教学平台，查看教师在教学平台发出的相关的学习任务，教师可以将其课前自学的内容分为以下几个部分：看一段视频；读一本与相关知识有关的书，查找相关资料；对前期的学习进行一定的总结。

四、聘请专业的英语教师，选择合适的英语微课教学模式

在进行实际教学的过程中，学校应该充分地认识到英语教育对学生各项综合能力提升的重要影响，因此应该招聘更加专业的教师。在教学之前，教师应当协助学生制订英语学习计划，并且在后期实行的过程中发挥监督、鼓励作用。另外，学校应该加强相关英语设施的完善，如多媒体设备。在实际教学中，教师可以鼓励学生亲自在英语多媒体设备上进行操作，从而增强学生对英语多媒体学习的兴趣。分析相关调查数据可知，学生普遍对英语喜剧感兴趣，并且喜剧的表现形式更加综合，这是学生学习英语知识的好机会。在进行英语教学的过程中应该尽可能地培养学生的学习兴趣，让学生能够在快乐的学习环境中提升自己的英语素养。

经验十足的教师可以根据学生的情况来控制上课的节奏。如当学生英语表达存在问题时，教师就可以引导学生在脑海中想象，鼓励学生发言，之后通过英语多媒体，使学生跟随教师的教学节奏对英语形成更加深刻的认识，在此过程中学生的审美情趣也可以得到较好的培养。

综上所述，高职院校需要把完备的信息化教室作为建设的重点，紧跟国家发展趋势，充分考虑教育教学发展的需要，做出长远的打算。高职院校的教学团队要注重平日的积累，通过教研活动、教学研讨等多种方式扎实做好每门课程的教学设计，思考切合实际的信息化教学方式，借助信息化教学手段，利用创建优质课程、精品课程等多种平台，提升实际的教学水平。将英语微课引入高职教育英语教育教学中，能弥补传统教学方法的弊端，发挥现代信息技术的优势。高职教育英语教师要想将英语微课科学、合理地应用到教学中并收到理想的效果，还需改变观念，突破传统，大胆尝试和创新，做到根据学生实际需求来构建英语微课教学新模式，进而促进学生的全面发展。

第四节　信息化教学在高职英语课堂中的应用

基于信息化课堂教学具有突破时空限制、最大限度地发挥学生主观能动性的优势，本节论述了信息化教学的必要性、定义、内涵及理论基础，结合高职英语教学实践，采用"互联网+"新思维，基于多媒体、网络化教学平台、云技术等信息化手段，探索高职英语信息化课堂教学的应用模式。教学实践研究表明，信息化教学手段能够活跃课堂气氛、提高英语课堂教学效率、激发学生的能动性和求知欲、优化学生的认知过程，从

而增强高职英语教与学的实效性。

随着现代信息化的迅速发展和国家对职业教育创新改革的重视，信息化教学模式已经慢慢渗透并应用到各大高职院校教育教学中。但目前，仍有部分高职院校在英语教学中采用传统的教学模式。高职英语信息化教学是指高职院校根据自身发展的实际需要，将现代教育技术理论和信息技术手段融入高职英语行业化教学实践中，通过对教与学及相关资源的设计、开发、利用、管理和评价，实现教育教学资源优化的过程。将信息化教学应用于高职英语教学，不仅可以为学生提供丰富的英语资源、创设仿真的语言情境，而且可以鼓励学生自主学习及自主探索。信息化课堂教学作为一种全新的教学手段，有着传统教学所不具备的优点，可以有效解决高职英语教学困境，激发学生的学习兴趣及提高其课堂参与度，促进高职学生英语综合水平的提高。

虽然信息化教学时代已经来临，但很多高职院校仍采用传统的课堂教学模式，以讲授为主，学生被动接受。高职院校学生的英语基础本来就薄弱，学生缺乏学习兴趣、信心及主动性，课堂气氛沉闷。加之合堂授课，使原本就基础薄弱的高职学生更加讨厌学习英语。在英语课堂教学过程中应用信息化技术，为英语教学注入了新鲜血液，激发了学生自主学习的兴趣和学习热情，让学生由被动接受变为主动学习，大幅提升了英语教学效率，突出了英语教学宗旨，对于实现教学目标、优化教学过程都具有重要的意义。

一、信息化教学的理论基础

（一）信息化教学的内涵

信息化教学是指教师在课堂教学中，以学生为中心，对教学的各个环节运用系统方法，合理地使用现代化信息技术完成教学过程的设计，以更好地优化资源配置的过程。信息化教学可以创设形象直观、生动有趣的学习情境，使得课堂教学更加生动形象。信息化教学是一种创新的教学模式，是高职院校课堂教学改革的一项重要举措，能够合理地配置、共享资源。信息化教学是当今高职院校教育现代化的基本要求，是一种必然趋势。

（二）信息化教学的理论框架

信息化教学源于三大理论基础，即建构主义、多元智能和系统科学理论。结合高职院校学生的培养目标、英语基础和学习特点，建构主义学习理论可以较好地指导信息化环境下高职英语教学和学习的改革实践。建构主义理论兴起于 20 世纪 80 年代末，注重"知识建构"，认为学生是信息加工的主体，是知识的建构者。知识并非通过教师的传授和灌输"习"得，而是学生在仿真情境下通过合作、探索主动构建"悟"得的。这一理论彻底颠覆了传统的以教师为中心的教学模式，教师不再是教学的主体，而是教学的组织者和引导者，学生才是主体。不难看出，这一理论与信息环境下高职英语教学改革的目标一致，较适合用于指导信息化教学的实践。

二、在高职英语课堂中的应用

下面笔者将在建构主义学习理论指导下，采用任务型教学模式，以《应用型技能英语—职场篇》"Unit 1 Job Hunting"为例，谈谈如何在课堂教学中使用多种信息化手段丰富课程内容，强化教学效果。

（一）学情分析

本次课程的教学对象为我校管理系集运专业一年级学生。这个专业学生英语水平参差不齐，整体基础相对薄弱，阅读能力明显高于会话能力。学生毕业后，大都会从事国际船员相关行业，对英语会话能力要求较高，因而学生对英语学习较为重视，但缺乏正确的学习方法。

（二）教学任务

本单元话题分为面试建议、面试常见句型和职业文化三个方面。本节课选取前两部分作为主要教学内容。课堂上注重英语语言技能与人文素质的培养有效融合，让学生在行动中学习中感受面试的场景，以便为将来的就业面试做好准备。

（三）教学目标及重点、难点

根据《高职教育英语课程教学基本要求》中对高职人才的培养目标，笔者将教学目标细化为三个方面，即知识目标、能力目标、情感目标。

语言知识目标：掌握面试中的一些注意事项，掌握一些面试常用词汇及表达方式（面试中常出现的一些问与答）。

学习技能目标：能够运用一些面试中常见的表达方式进行模拟面试。

情感态度目标：在未来工作面试中，能够增强用英语面试的自信心，并为就业面试做好准备。

教学重点、难点：教学重点为面试中的注意事项及面试的常用句型，教学难点为运用面试注意事项及常用句型进行模拟面试。

（四）教学的实施过程

本次课主要分为三大部分：课前任务和课程引入、课堂教学和课后任务。

1.课前任务和课程引入

学生的课前任务分为两大类：一是自学任务（Learn it by yourself），二是实操任务（Do

it by yourself）。

（1）自学任务。教师课前划分好学习小组，要求小组成员利用英语趣配音软件，给《当幸福来敲门》中的经典面试视频配音。其次，教师上传自学资料，其中包括一个文档和三段视频。文档为面试中常见的词汇，视频为《当幸福来敲门》，学生利用资料自学词汇。

（2）实操任务要求每组学生分角色演绎电影《当幸福来敲门》，利用英语趣配音软件进行跟读和配音，同时可以利用软件建立自己的生词本，完成配音后上传到网络教学平台，组内会显示任务完成情况，组外成员也可观看配音作品。

学生通过自学任务和实操任务已经完成了课下自学，那么上课时教师首先要进行一个课前任务的检测。一是在线检测词汇预习情况，运用问卷星网站进行当堂在线测试。测试内容为五个填空，单词全部来自课前自学任务。学生完成答题后提交平台，即时查看正确率，就学生出错率较高的题目强调相关单词。二是分享课前配音视频任务，选取一组学生配音比较好的《当幸福来敲门》这段经典面试视频进行播放，让学生观摩学习。通过此课前任务，学生已经了解本节课主题为求职，教师就可以自然地引入本节课的求职主题。

2. 课堂教学

首先，通过头脑风暴（Brainstorming），让学生说出准备给面试者提出什么样的建议。其次，通过微课学习并总结向面试者提出的 8 项建议，并通过网络平台在线试题测试的形式，让学生巩固所学的 8 项建议。再次，让学生分组讨论并总结出面试中常出现的问与答，即面试中常见的句型。最后，模拟情景面试，这部分是教学效果展示。教师给学生提供两个工作岗位，让学生任选一话题进行模拟情景面试。几分钟的准备时间后，邀请几组同学分享他们的面试。在面试过程中，要使用所学到的面试建议及面试中常见的句型，达到学以致用，巩固课堂所学的目的。

3. 课后任务

任务一：要求学生角色扮演，录像并上传至网络教学平台，如微信群、优课、慕课。通过模拟未来的真实面试场景，可以增强学生就业面试时用英语面试的信心。上传网络教学平台后，学生可以分享作品，互相评价，并从中吸取经验教训。

任务二：翻译课本中的 task 3，上传至网络教学平台。此翻译任务既可以考查学生是否掌握所学知识，也训练了写作能力。上传至网络教学平台便于教师对每个学生的作业进行仔细批改和评价。

4. 结语

本节课打破了传统英语课堂教学模式，在各个教学环节融入了多种信息化元素，提升了课堂教学的趣味性、丰富了课程内容。最重要的是综合运用了多种应用软件，如英语趣配音、QQ、微信群、网络教学平台、多媒体、云技术等信息化学习手段，使学生的主动性、学习意愿及参与度得到了明显提升。通过本节课的教学实践，将信息技术与信息资源有效应用于高职英语课堂教学，激发了高职学生的英语学习兴趣，淡化了学生对英语学习的倦怠感。当然，无论教师在课堂上使用什么样的信息化教学手段，目的都是辅助英语课堂教学、提高学生的学习质量，切不可为了信息化而信息化。教师只有将丰富的信息化技术手段同课堂教学有机结合，才能真正发挥信息化对高职英语课堂的推动作用。

第五节　基于智能手机应用的高职英语信息化教学设计

随着移动互联技术的发展，让智能手机成为有效的英语学习工具是高职英语课堂改革的必然之路。在高职英语信息化教学设计中，以智能手机为载体系统优化课前、课中和课后整个教学过程，可以体现"以人为本"的理念，突出"学做合一"的特色，促进信息技术与英语教学的深度融合。

在信息技术飞速发展的今天，当预设教学目标在传统课堂中难以实现的时候，通过信息技术进行突破就变得非常有意义。远程互动设备、VR（虚拟现实）设备、AR（增强现实）设备等比较先进的技术设备可以带来很好的信息化教学效果。但由于客观条件的限制，这些先进的信息化教学设备并不能够完全普及到课堂中。当前，智能手机已成为普及率较高且易于操作的信息化教学终端设备，基于智能手机的移动学习模式可以激发学生学习英语的兴趣，较好地实现信息化教学的目标。教育部从国家层面大力推进信息化教学改革。每年举办的全国职业院校信息化教学比赛为高职教师提供了信息化教学技能展示的平台，智能手机在课堂中的使用也受到了参赛者的广泛关注。

中国在移动互联方面已经走在了世界的前沿，智能手机完全改变了人们的生活方式，改变了学生的学习和生活状态。多姿多彩的手机世界让学生流连忘返，高职院校中随处可见"低头族"。传统的教学方式单调枯燥，教师想要把"低头族"的课外注意力转移到课堂教学中，却无可奈何。不少高校教师想方设法收缴学生的手机或者禁止学生带手机上课，这种强迫的做法往往不被学生接受，学生学习的积极性并没有因此改变。而在"互联网＋"大环境下，合理引导学生使用智能手机，改变传统英语课堂枯燥的教学模式，高效地将现代信息技术融合在课堂教学中，才是高职英语教学改革的正确道路。

高职院校应充分利用现代信息技术，改进以教师讲授为主的单一教学模式。以现代信息技术特别是网络技术为支撑，可以使英语课程的教与学在一定程度上不受时间和地点的限制，朝着个性化和自主学习的方向发展。基于智能手机的高职英语信息化教学设计，就是以学生为中心，强调情境学习、协作学习的重要作用，利用手机媒介，搜索整合各种资源来支持学生的"学"的教学模式。在这种情况下，网络媒体将会由教师讲解授课的演示工具转变为学生主动学习、协作探究的数字化平台。学生可以借助现代信息技术查询资料、搜索信息、进行协作学习和会话交流并完成多维评价；教师则可以充分利用现代信息技术，采用任务式、合作式、项目式、探究式等教学方法，实现教与学模式的转变。

一、智能手机与课堂教学融合的教学设计案例详解

（一）基本情况

教学案例"Diet and sport"是 2017 年全国职业院校信息化教学大赛教学设计类的获奖作品。该案例的教学内容节选自国家规划教材《点击职业英语 2》第三单元，主要谈论饮食与运动相关话题，包括 Warm up（热身）和 Conversation（会话）两个部分。授课对象是高职一年级学生，他们已经学习了教材《点击职业英语 1》，有一定的英语基础，能够进行简单的日常对话，但由于词汇量小，还不能使用英语针对具体主题进行深入交流。这些"95 后"的学生活泼好动，善于使用手机等智能终端设备，喜欢趣味化的学习模式，学习目标和学习习惯也存在较大差异。因此，激活学生学习的内在动力，给学生提供更多的口语表达机会，真正实现因材施教、分层教学是十分必要的。

（二）教学设计的思路

在教学设计中，笔者针对学生的特点，借助信息化手段及多维评价体系，从学、练、评、研 4 个方面，构建了独特的英语教学生态圈，从而引导学生感受学习的乐趣和成功的喜悦，继而实现教学目标，完成重点、难点教学任务。

（三）教学组织的实施

利用移动教学平台，将课堂教学延展为课前学习与准备、课堂测试与应用、课后拓展与提升 3 个阶段。

课前，学生既可以在"云班课"通知栏中查看教师发布的课前学习任务，初步自主解决问题，为实现翻转课堂打下基础，也可以在微信公众号"我的英语课"中查看教师

推送的阅读文章《运动类单词知多少》。学生通过随时随地阅读，完成课前学习与准备相关任务：①了解"饮食与运动"的相关词汇和短语，使用百度和有道词典等工具查询资料，并初步解决自学中遇到的问题；②了解中国人的运动现状，并用英文进行语言组织，为课堂英语话题表述做准备；③各学习小组依据教材内容分别拍摄对话演练视频，并进行编辑整理。该阶段主要用以促进学生提前预习教材内容，熟练掌握视频制作方法，提升学生的团队合作能力。

课堂测试与应用阶段主要分为预习反馈、热身导入、问题讨论、对话练习和总结评价 5 个环节。在预习反馈环节，教师可以使用云班课移动教学平台对学生进行单词测试，了解学生的课前预习情况。测试中有两组不同难度的词汇，A 组测试题主要考查学生对教学大纲要求必须掌握的核心词汇和短语的掌握情况，B 组测试题中除课本内容以外还添加了课外拓展词汇内容。学生根据自身情况和学习需求，可自由选择题目类型进行测试。结果显示，71% 的学生选择了含拓展词汇内容的 B 组测试题，29% 的学生选择了只包含基础词汇的 A 组测试题，且大多数学生通过课前预习掌握了本课的基本词汇，达到了预习的目的。随后进行各小组的对话视频展演，并使用问卷星投票系统现场评选出最佳小组。提交视频作业的小组，所有成员均获得作业加分，最佳视频小组的成员获得双倍作业加分。教师通过"云班课"移动教学平台对学生的预习效果进行评价。

在动感音乐背景下，教师向学生展示健康对照表，请学生上台做俯卧撑并计数，引导学生学习"仰卧起坐"和"俯卧撑"相关核心词汇，以有趣的课堂活动进行热身导入。

问题讨论环节以教师布置任务、学生分组完成的方式，将课堂演变为操练场。首先学生分组讨论。通过讨论，学生提出自己的观点，并推荐一些关于健康测试的方法，例如，Can you walk 5km?（你可以步行 5 千米吗？）而后，学生将讨论结果用英语发布在班级群中，教师逐一点评，引导学生在生活中要养成健康的饮食习惯，加强日常体育锻炼。在此环节中，学生通过分享观点、相互学习，学到一些有趣的运动词汇如"暴走"和"广场舞"等。教师组织学生完成云班课问卷调查，了解学生的饮食习惯，学生也可以通过英语调查问卷学习相关词汇和句型。

在情境对话环节，教师首先针对对话内容提问简单的问题，让学生阅读对话并作答。课堂提问时可以使用云班课的"摇一摇"功能增加课堂提问方式的多样性和趣味性。其次，基于教学课件讲解对话中的关键词和重要句型。最后，由学生角色扮演，分组反复练习对话，并通过"问卷星"软件进行调查评价，选出最佳现场表演小组，小组成员获得课堂表现加分。云班课和问卷星提供的大数据，可以使教师精准定位每个学生的学习情况，及时调整课外作业和知识拓展的内容。

课后的继续学习是学习质量的保障。在该环节中，教师给学生设置 3 个课后任务：①录制对话音频发送至教师微信；②登录"口语 100"手机应用程序，使用人机对话和英语配音功能，练习英语听、说、读、写能力；③完成小组调研任务，登陆问卷网发布英语调查问卷，并撰写调查报告。

（四）教学效果的反馈

通过使用信息化教学手段，从学、练、评、研 4 个方面构建线上线下的英语学习生态圈，从而构建平等、自主的教学模式。课堂上可以自由选题，有助于激发学生学习的热情，为学生的持续学习创造条件。学生在视频拍摄、编辑、问卷星调查等活动中，提高了自身的统计分析能力、信息技术水平以及团队协作能力，真正实现了快乐学习和能力成长的愿景。

二、基于智能手机的高职英语教学设计思考

（一）基于智能手机的英语教学设计优势

1.智能手机可以提供学习资源平台、任务操作平台和综合评价平台

教师可以利用智能手机进行资料查询、沟通交流等，通过"智能课堂""云班课"等平台发布相关任务，接收和分析任务完成情况，从而进行课堂教学的过程性评价。通过智能手机移动教学平台，学生也可以自由发言、打分、点赞等，从而完成自评、互评环节。

2.基于智能手机的移动教学模式可以提升学生的英语学习兴趣

高职学生使用网络、计算机、智能手机等方面的能力丝毫不弱，他们只是缺乏自我管理能力和学习的兴趣。教师可以通过智能手机媒介利用移动教学模式调动学生的学习积极性，挖掘他们的闪光点，让他们乐于学习、善于学习。

3.基于智能手机的移动教学模式实现了协作学习和个性化学习

现代教育强调协作学习和个性化学习，教学设计必须以学生为中心，明确学生的学习需要，承认每个学生的个性或潜能。个性化学习因人而异，个人的情况不同，选择的学习内容和要达成的目标也不同。基于智能手机的移动教学平台可以提供不同难度的任务，提供多种课堂组织形式，从而实现个性化学习。这也为在同一课堂中进行分层教学提供了可能性。

（二）基于智能手机的信息化教学设计需要注意的问题

1. 加强课堂监管

学习贵在持之以恒，但是如果缺乏有力的监督，部分学生就会逐渐被惰性打败，更愿意用手机聊天，或者玩手机游戏。手机应用程序中的大多数学习资源都是可以免费使用的，因此开发商会在学习页面推送大量广告，干扰学习。在这种情况下，如果处置不当，纵使手机应用程序做得再有吸引力，也可能会使学生的学习虎头蛇尾。因此，要让学生使用手机辅助学习，就要做好教学监督和教学评价。

2. 筛选有益的资源

外语学习类手机应用程序成百上千，但并非所有手机应用程序都有较高水平，有些手机应用程序粗制滥造，对学习不仅无用，甚至有害。因此教师要筛选出口碑较好的手机应用程序，帮助学生选择适合的学习内容，或由教师亲自开发学习资源库。

信息技术与教学的深度融合是职业教育发展的必然要求，基于智能手机的高职英语教学设计必将带来语言课教学模式的改变。在教学设计中，系统优化课前、课中和课后的教学全过程，体现"以生为本"理念，突出"学做合一"特色，才能实现枯燥的学习趣味化，使单调的学习丰富化，使共性的学习个性化，使复杂的问题简单化，使静止的学习动态化，从而真正实现信息技术与英语教学的深度融合。

第六章　信息化背景下高职英语教学评价

第一节　信息化背景下高职英语教学的多元评价

在开展英语教学的过程中结合课程的考核和评价，既能够提升教学水平，也能够为培养创新性的人才提供更多的途径。利用多渠道、多层次的评价方式对学生的表现进行考核，一方面能够激发学生们的学习兴趣，另一方面也能够促使学生来配合教师完成相应的教学活动。高职院校作为专业性人才培养的摇篮，在发展过程中需要不断地发展、与时俱进，培养出更加适合社会发展需求的人才。所以高职院校为了能够实现这个目标，必须结合现代化的技术手段，融入信息化的技术来改变传统的考核内容和方式。

信息技术作为目前社会工作开展中无法或缺的技术，为提升工作效率、优化工作形态提供了很大的便利。教育自身所蕴含的信息更加庞大，涉及的信息更加的丰富。而如此庞大的信息数据，如果不借助信息化的技术手段，就无法获得良好的效果。

信息化教学主要是指以信息化作为教学基础，利用网络、计算机以及多媒体教学设备，帮助教师优化教学设计并获得良好的教学评价的教学模式。借助多媒体等媒介将教学内容展示出来，能够激发学生的学习兴趣，帮助学生发现问题、解决问题，提升学生的主观能动性。

一、传统高职教学评价的劣势

（一）重积累，轻应用

目前教学中使用的评价注重对知识的记忆和积累，忽视了对知识的具体应用。英语与其他学科不同，除了基本的记忆和知识积累之外，还必须通过交流和对话将所学知识真正应用起来。但是受制于我国教学传统制度，我国的英语考试和教学都是围绕着知识的记忆，很少涉及语言技能的应用等。如果一直采用这种方式教学，必然导致学生的技能水平无法提升，同时学生的知识结构也会相对受限。所以打破原有的知识评价体系，培养学生的创造力是非常有必要的。

（二）评价体系单一

目前的评价体系形式单一、运用死板，而教师评价学生也是以学生的考试成绩作为参考，导致教师过分注重学生的成绩。这种方式无法给不同的学生提出更具针对性的建议，从而降低了学生学习英语的积极性。而优秀的评价体系不但形式多样，还会给不同水平的学生提供更大的发挥空间，可以在调动学生参与积极性的同时，提升学生们的学习兴趣。

（三）目前评价体系与应试挂钩。

学校过度看重应试教育不仅无法直接反映出学生的能力，还无法提升学生的英语应用水平。而先进的教学主要是让学生主动参与，通过交流、沟通、渗透等方式帮助学生获得英语技能，逐步淡化学生对于成绩的认知。

二、结合信息技术来构建高校英语评价体系的重要性

（一）教学方式的改变

结合信息化技术开展高校英语评价体系，能够从根本上改变传统的教与学的方式和效率。教师在备课的过程中可以将多媒体工具作为媒介，寻求更多的信息和内容。而且在这个过程中，教师仅仅是一个信息的汇总者和发掘者，学生变成了教学和评价的主体，师生间的沟通交流也变得更加频繁，学生能够更容易接受教学内容，并主动进行学习。而且从英语学习的角度出发，在高职英语课堂引入多媒体教学，能够让知识点的相关内容变得更加丰富。

（二）教学与评价的一体化

信息化媒介的介入能够帮助教师更加清晰地设置教学的目标，而且借助多媒体设备能够让教学变得更有操作性。同时，利用这种方式也可以将教学评价与教学内容相互融合。学生可以在参与过程中对整个教学设置内容进行评价和反馈，帮助教师及时进行调整。教学评价在不断地实践应用过程中向更加规范的方向发展，逐步形成一个全新的制度。能够帮助教师从课前、课中、课后分别进行评价，并形成一套全面的、综合的评价体系，促使教学与评价充分融合。

三、信息化技术的具体应用

（一）口语教学

借助网络和多媒体的平台开展口语教学，能够帮助教师获取更多、更丰富的网络资

源。尤其是在进行语音纠正的教学过程中，通过动态化的视频内容，能够让学生们更加清楚英语中一些字母的读音应当如何调动口腔、肌肉等，从而逐步纠正发音。教师可以利用信息化技术来记录和分析整个学习过程，通过设备仪器来记录学生的口语练习情况和发音水平，并进行比对分析。

学生可以利用网络平台练习口语，系统会针对学生的发音智能化地进行纠正和提示，并提供正确的发音示范，让学生能够随时随地进行练习。这既能够提升学生的学习积极性，也能够减轻教师的负担。

应用信息化技术既可以帮助学生们进一步了解英语发音的各项要点，而且也能给教师提供一个参考标准，使学生获得更加准确的评价和指导。

（二）写作应用

学生可以利用邮件、QQ、微信等方式随时随地用英语进行交流，这样既能够提升学生的英语表达能力，又能够提升他们的写作能力，还能够帮助教师发现学生在日常应用中的语法错误，并提供必要的指导。相比于传统的教学方式，多媒体教学更容易吸引学生的注意力。

信息化技术的广泛应用，使人们获取信息和传播信息的速度变得更快。使用传统的教学方式，学生只能以纸质形式来完成教师布置的作业，且大量的批改任务让教师无法细致、全面地对学生的语法、用词等错误进行精准地指正。而借助信息化技术，教师可以在进行评价的过程中对学生的写作情况进行实时分析，快速发现问题并提供指导，极大地提升了查验的效率。

（三）阅读应用

信息化技术的融入给现代化的教学带来了大量的信息，学生可以借助这些资源阅读更多的内容，如音频、视频、图片、新闻等，并做出多样化的选择。学生可以依据自己的兴趣，灵活多样地选择自己喜欢的方式展开阅读，而且这种信息化的途径也不会受地理位置、空间、时间的干扰。通过分析阅读平台的数据，教师能够及时了解学生的阅读水平和进度，进而依照学生的实际情况制订合理的教学进度和计划，提升教学质量。

信息化时代的到来给高职院校的课程提供了更多的便利，教师也应当与时俱进，及时调整教学方式，以此来满足新时代的发展需求，从而培养更多符合新时代发展需求的技术型人才。

第二节　高职英语信息化教学与积分式评价

在职业教育改革如火如荼、信息化教学逐渐普及的今天，高职院校英语教学仍普遍存在教学评价模式与职业教育改革需求、学生全面发展需求、学生职业能力提升需求不一致的现象。很多高职院校英语课程仍然采用传统的终结性评价模式，简单地"一考定成绩"，忽视了教学评价的导向功能和激励功能，这种教学评价模式的滞后使国家职业教育改革的相关政策难以落实到课程教学实践中，不利于学生的全面发展。

《国家中长期教育改革和发展规划纲要（2010—2020年）》第二十一章第六十七条指出：要建立学习成果认证体系，建立学分银行制度。2019年1月，国务院印发《国家职业教育改革实施方案》，随后，教育部、国家发展改革委、财政部、市场监管总局印发了《关于在院校实施"学历证书＋若干职业教育等级证书"制度试点方案》。该方案的一个重点是强调职业技能证书在高等职业教育中的作用，并以探索建立职业教育"学分银行"为重要目标。对学生个体而言，学分银行制度可以灵活安排学习时间、地点和费用，根据学生的自身特点选择最适合自己的课程方案。

在此背景下，顺应国家职业教育改革的发展要求，高职院校各课程教学模式需进行相应的改革，以满足职业教育提高学生的职业能力、服务经济发展的需求。高职英语教学应果断摒弃传统教学模式，主动与现代信息化教学手段融合，充分利用信息化教学平台和教学手段，并有效结合相应的多元化过程性评价模式，使学生能根据自己的实际情况、专业需求、能力需要等确定学习的策略和内容，最大限度地满足学生个性化发展需求和市场需求。

一、信息化教学及其应用趋势

信息化教学是现代信息技术和教学相结合的产物，即是以现代信息技术为支持，优化教学过程，实现教学目标的教学模式。它包括教学组织、内容、手段、评价等一系列信息化因素。在如今大数据、云计算、物联网等技术广泛应用的时代，信息技术与教育的深度融合已是大势所趋，运用各种技术手段的信息化教育教学模式正被探索和打造，并将成为教育教学的一种必要模式。

二、积分式评价及其有效性

教学评价是对教学过程中的教学行为和学生的学习行为及其效果进行价值判断的系统过程。传统的教学评价是一种终结性评价，忽略了评价的系统性和过程性，对所有学生都采取统一的标准。这种评价方式忽略了学生的不同偏好和需求。积分式评价是一种与终结性评价完全不同的形成性评价模式，是基于对学生学习全过程的持续观察、记录、反思而做出的发展性评价。在高职英语教学实践中，一直以来仍然是终结性评价为主，有些学校直接规定平时考核占比 30% 或 40%，期末终结性考核占比 70% 或 60%。

实际教学中，最有效的评价模式应该是既关注教学目标又注重教学过程的。一项好的课程评价方案往往是若干评价模式与评价方法的有机结合，课程评价任务的完成将是多种评价模式综合运用的结果。积分式评价正是这样一种综合的评价模式，注重教学评价的系统性和过程性，关注学生个性化需求和职业需求。高职英语积分式评价的系统性和过程性主要指评价内容的系统性和评价时间的过程性。评价内容不仅包括高职英语课程内容本身，还包括学生的学习自律性和课堂参与度等。

三、高职英语信息化教学与积分式评价有效结合的要素

高职英语课程信息化教学与积分式考核模式相结合的教学模式由三个方面构成，即教学内容、教学方法和教学评价手段。

就教学内容而言，此模式注重将英语课程内容与学生所学专业及个人偏好相结合。教学内容既包含英语课程本身的知识和技能体系，也包含不同专业学生的需求，如计算机应用专业的学生可以选择计算机专业词汇作为自己的词汇板块学习内容，旅游专业的学生可以选择旅游专业词汇或旅游英语会话作为自己的学习内容。同时，此模式兼顾学生的学习偏好，如果学生偏爱英文写作，其英文课程学习内容可包括额外的英文写作方面知识技能，如果学生的目标是要参加专升本考试，其学习的内容可以选择专升本的相关内容等。

就教学方法而言，该模式运用信息化教学手段，通过信息化教学平台向学生提供大量的学习资料。学生可以根据需要决定并选择自己偏好的学习内容并利用信息化平台进行自主学习，使教学内容既有统一的课程内容也兼顾学生的个性化需求，把课堂教学延伸到课外。学生既能获得所需的知识技能，也能养成自主学习的习惯。同时，在教学过程中，学生可以通过信息化教学平台和手机 APP 等提交、展示自己的学习成果，接受教师和其他同学的评价，并实时把评价结果计入各自的课程积分档案。

就教学评价手段而言，该模式采用综合性和过程性的积分式考核。有效的课程评价应该是综合性和过程性的，所以对学生的学习考查和记录也应是综合性和过程性的。教学评价不仅对教学内容和教学过程具有极其重要的导向性作用，还对学生具有激励作用，是教学中至关重要的一环。因此，教师需要细化本课程学生的积分获取规则和置换规则，就个性化学习内容及获取的相应积分与学生进行协商并达成共识。

四、高职英语信息化教学中学生课程评价积分的获取途径

学生在整个学习过程中可以通过多种途径获取英语课程的评价考核积分。第一，通过展现积极的学习态度获得积分；第二，通过参加各种课堂活动获得积分；第三，通过完成自己选定的个性化学习内容模块获得积分；第四，通过阶段性学习成果获得积分；第五，通过参加各种相关竞赛或其他课外活动获得积分。

假设课堂积分满分为 100 分，按照各个部分不同要求，设置积分数值如下：

课堂出勤 20 积分（20%）。高职院校学生的出勤率相对较低一直是让教师头疼的问题，出勤率能够反映学生的学习态度，有较高的出勤率才会有较好的学习效果，因此把出勤作为课程评价积分获取的必要途径之一是非常有必要的。学生的课堂出勤积分可定为占总积分的 20%，笔者所在学校教学周为 18 周，英语课程每周 2 次，学生每次上课在手机 APP 上通过教师设定的签到方式（扫描二维码、手势、现场拍照和位置定位等）签到即可获得 0.5 积分，学生一学期满勤可额外获得 2 积分的奖励，一共可获得 20 积分。如果课堂中出现迟到、早退扣除 0.5 积分，特殊情况通过履行学校规定的手续请公假和病假不扣积分，旷课一次扣除 2 积分。如果学生缺勤、迟到、早退过多，会导致因为出勤积分太低而无法获得本课程的必要考核积分，需要承担补考或重修本课程等后果。这种考勤积分占比方式，可以促使学生保证出勤率。

课堂活动 40 积分（40%）。课堂教学既是学生习得新知识的过程，也是其展示自主学习成果的过程，更是教师掌控和评估学生学习情况并进行师生互动的最佳时机。学生的课堂参与度会直接影响学习的效果，所以课堂活动积分占比最大。在课堂教学过程中，每节课分配一定的时间给学生展示上堂课预留任务的完成情况或自主学习成果，根据自评和互评获 2—3 积分；对教师随机提出的与教学内容相关的问题，学生能够给出正确答案，则获得 1—2 积分；如果是讨论性问题，只要学生积极参与发表自己观点，即可获得 1 积分。具体分值可由教师根据实际情况设置。在课堂教学过程中，充分利用信息化教学平台和手机 APP 的各项功能，既能活跃课堂气氛，也能把学生的课堂活动积分实时记录在学生的课程积分档案中。如教师通过口头或手机 APP 发布问题或主题讨论，

学生可以通过 APP 自行点击抢答或教师通过手机摇一摇随机选人回答。

课外自主学习 20 积分（20%）。课外自主学习内容分为两部分，一部分是教师布置的课后任务，包括完成听力任务、英语场景对话编写和操练、应用短文写作等。学生完成这部分内容后可在之后的课堂活动中展示，并计入课程积分；另一部分是学生根据自己的英语基础、个人偏好和需求等自主选择的内容，学生自己选定内容后要先和教师沟通并达成师生契约，待学生完成后由教师根据契约验收学习成果并核算课程积分。学生在课外自主学习过程中遇到问题时，可以通过学习通 APP 或其他线上方式和同学及教师讨论交流，经常提出问题或帮助解决问题会适当获得积分奖励。

阶段性学习成果测试 20 积分（20%）。阶段性学习成果测试可在期末进行，但它绝不等同于终结性评价考试，其积分占比不大，且形式灵活多样。过程性积分评价中，阶段性学习成果测评是可行且必要的，这既是学生展示其学习成果的一个环节，也是对学生学习过程的一个总结和反馈。测试形式也是多样化的，可由教师确定主题，学生线上或线下提交设计展示成果；或由教师预设情景，学生根据情景完成任务；也可由教师根据课程学习内容和学生自主学习内容，在信息化教学平台发布个性化测试任务并评判其完成情况。

课外活动、竞赛或考取相关职业资格证书（置换 1—30 积分）。这个部分内容灵活，有利于激励学生积极参与活动。各种活动竞赛和考证难易程度和重要程度不同，所以学生可置换的积分多少存在差异。一般参加系部相关活动和竞赛可根据发挥的情况和取得的成绩等情况置换 1—5 积分；参加学校相关活动和竞赛根据不同情况可置换 5—10 积分；参加省市级活动和竞赛课根据不同情况置换 10—20 积分；取得相关职业资格证书可置换 20—30 积分。

学生的课程评价积分可以通过良好的出勤情况和学习态度获得，也可以通过积极参与课堂教学活动、完成课程知识学习和技能训练来获得，或根据自身实际情况、发展需要和偏好等选定的学习内容获得，还可以通过参加课外活动、相关竞赛和考证等置换获得。教师充分利用信息化教学平台在整个学习过程中实时评价并记录学生英语课程的学习积分，使学生可以更直接、更全面地了解自己的学习结果。评价过程与教学过程同步，可以及时有效地发挥评价的激励作用，持续激发学生的英语学习的兴趣，使学生主观能动性得到充分发挥，极大地增强学生学习的参与感和获得感，充分发挥教学评价对学生的激励和引导作用，使评价成为高职英语课程教学体系中的有机组成部分，成为常规化、流程化和专业化的教学活动。同时，由于把学生参加各种相关考证、竞赛或其他活动取得的成绩按照规则置换成相应的课程评价积分计入学生的课程积分中，充分肯定和激励了参与和取得成果的学生，这也是对其他学生的一种鞭策和鼓舞，给学生指明了努力的方向。

五、高职英语信息化教学与积分式评价有效结合的初步教学实践

作为一名高职英语教师，笔者在教学实践中已初步应用了信息化教学和积分式评价相结合的教学模式。与传统教学模式相比，这一教学模式具有较好的教学效果。在教学中，笔者主要利用超星公司"学习通"教学平台和手机 APP 进行教学，并利用这一教学平台建立每个学生的英语课程积分档案，实时记录和更新学生的课程评价积分，学生可以随时打开手机 APP 查看自己的积分情况，在参与课堂活动或完成其他学习任务之后学生立刻就能看到自己的课程积分增加。以采用信息化教学和积分式评价相结合的教学模式的本校医学护理系 2020 级护理专业四班为例，这个班学生人数为 73 人，其中女生 64 人，男生 9 人。在 2020 至 2021 学年度第一学期，根据学习通平台记录的数据，出勤方面，旷课、迟到和早退 0 人 0 次，仅有三人作为校学生会干部各请公假 1 次，2人事假 2 次，3 人病假 4 次，均按校规履行请假手续；课堂活动参与率方面，学生课堂讨论参与率 90% 左右，课堂抢答参与率 50% 以上；课外自主学习方面，开学之初，学生自主选择并和教师达成契约的学习内容完成率 95% 以上；课外活动、相关竞赛和考证方面，学生积极参加了学校英语角、英语演讲比赛和英语口语技能大赛等，一名学生在省级英语口语技能大赛中获三等奖，兑换课程评价积分 15 分。

可以看出，本课程通过采用信息化教学与积分式评价结合的教学模式，有效解决了职业院校学生因自控力较弱及学习积极性不高等原因造成的出勤率较低的问题，极大地调动了学生参与课堂活动的积极性。通过自主选择并完成课外学习任务，锻炼了他们独立思考和自主学习的能力，最大限度地激发了他们参加相关课外活动和竞赛的兴趣，为他们报考相关资格证书增加了动力，整体教学效果良好。

高职英语信息化教学与积分式评价的有效结合，就是借助信息化教学手段把教学过程和评价过程紧密结合起来，使学生的英语学习从课内延伸到课外的新型教学模式，它既有共性的知识和技能学习模块，也有满足学生职业和个体需求的学习内容。将评价积分贯穿学生学习的全过程，能及时有效地激发学生的学习欲望。这种信息化教学与积分式评价相结合的模式既有利于培养学生的英语技能和职业能力，也有利于提升高职院校毕业生服务经济发展的能力，值得进一步研究、完善及推广。

第三节　高职英语信息化学习效果评价

一、评价高职院校学生英语学习效果的方式

我国高职院校的学生英语学习效果评价方式还是以试卷为主，即期末考试的成绩依然是学生英语学习评价的主要依据。而英语考试大多是针对理论知识的笔试，加上适当的听力内容，与此同时学生上课时的表现、课后作业的完成、英语第二课堂活动等过程性考查也是学生英语学习效果的评价标准。英语教学注重的是实际应用的能力而不是理论知识的理解，所以这种评价方式无法全面掌握学生实际应用英语的能力，也就无法对学生做出准确的评价。

二、英语信息化教学模式的应用

信息化教学模式是以建构主义理论为指导的教学设计。学生是加工信息的主体，而不是外部信息的被动接受者；教师是意义建构的引领者与督促者。建构主义理论认为学习环境包含四大因素，其中情景是教学设计的最主要内容之一，情景必须有利于学生对所学内容的意义建构；合作与对话是指学习过程中人与人之间的交流，学习小组的同学之间及教师必须通过合作共同完成教学任务。所以，信息化教学模式就是以学生为中心，学生在教师设定的情景中，通过合作、对话等方式尽量发挥自己的主动性和积极性，对目前学习的知识进行意义建构，并使用所学知识解决实际问题的新型教学模式。

在信息化教学条件下，教学设计的内容主要有以下几点：

一是教学方案的设计，包括教学目的分析、教学对象分析、教学方法与教学活动设计、多媒体的选择和分析。

二是学习材料，围绕课堂教学要求寻找各种教学的材料，可以在网上寻找相关的文本、声音和动画等。

三是学生作品展示，它可以促进学生的思维能力，展示学习效果。

四是活动进程的案例，它可以依据学生学习的话题进行编写，能够改善学生的学习效率。

五是评估学习过程的方式，如对学生作业的评价、学生活动记录的评价，这些可根据当时的情况做出相应的筛选。

三、学习评价设计要有利于学生多方面发展

课程考查是对于人才培养标准的一种检查方法，是教学中一个至关重要的环节。教师可以依据社会的要求、课程教学目的以及学生的需求对学习评价进行适当的改进，如可以通过课后布置的作业、课堂上学习的表现、第二课堂及课外学习活动等方面进行考核。有条件的学校也可以通过专门的英语学习网站对学生进行综合评定。

从评价主体看，还要重视学生的自我评定。学生本人最了解自己需要的知识和能力以及最适合自己学习方法。

从评价内容看，要重视对学生实际英语应用的能力、思考的能力、可持续发展的能力、语言表述的能力和进一步研究的能力的评价。在信息不断更新、知识爆炸的时代，国家要求高职院校培养出全面发展的人才，而学生自身也要通过不断学习加强自身的能力来适应社会的高速发展，改进对能力评价的方式。

从评价反馈来看，信息化教学可以提升反馈效率。大学英语课程的教学评价包括学生在线提交作业的评价、网上在线问答、与教师邮件交流、在论坛上与教师和同学互动、教师对教学以及课程的评价等。考试是考查学生学习效果的最方便、最普遍的一种评价方式，学院可以在学院相关的网站上创建英语学习的各种材料库，包括英语考试题库和考试自测系统，这样对教师的教学，学生的学习都有了一定的保障，使得教师及学生都对英语的教与学有了相应的了解。

结果性评价使学生过多地在意自己的考试成绩而忽略了学习的过程，这种评价方法已经不能适应现在的教学需要。当前的教学评价要注意以下几点。

第一，我们的评价对象要以学生为主。学习评价应该对学生的自我认识有帮助，能够让学生对学习充满信心，从而不断提高自己的英语水平。作为教师要让学生了解自我评价对其英语学习能力发展的意义，让学生掌握自我评价的方式，使评价成为学生自我核查、自我分析、自我改善的一种学习经历，这样也有助于激发学生的英语学习兴趣。当然这种评价不仅仅包含学生及教师，也应当把家长和社会等因素考虑进去，从而使评价结果更加客观真实。

第二，结果评价应与日常评价相辅相成。英语是一种语言，它需要学生通过平时的应用来提高自己的水平，从而促进学生的自我发展。结果评价重在选拔，过程评价方法灵活性强，两者都是评价的主要方法。我们注重过程评价，但是也不能没有结果评价，因为学生及其家长非常看重结果，因此我们对这两种评价方式要灵活运用，让每个学生都对英语学习充满自信。

在日常教学中，教师要将教学和评价结合起来，不仅要改进教学方法，研究出适合学生的教学手段，还要能够促进学生的全面发展，充分发掘学生英语的学习潜力。

第四节 高职院校英语线上教学评价

随着教育信息化不断深入推进，线上教学已经突破传统教育模式，成为一种重要的教育形式，为教师带来一定挑战。当前，线上教学仍存在许多问题，如评价模式参考不足、学生学习监管难、教学形式不统一等。高职院校是我国培育技能型人才的重要基地，想要科学有序开展英语线上教学，应当积极研究其评价模式。本节从学生、教师、教育管理部门、线上教学平台这四个方面综合探索研究高职英语线上教学评价模式，希望能为各位教师提供参考。

当前，不断发展的信息技术同教育教学的融合越发深入，推动了教学模式的改进创新，使得教学方法越发多元化。线上教学能够更好地发挥学生的主体作用和教师的主导作用，激励学生充分借助网络资源进行自主学习。想要推动高职大学英语线上教学的发展，研究其评价模式具有重要意义。

一、高职院校英语线上教学现状的基本概述

如今，高职院校的大学英语课程存在课堂人数多、教学氛围沉闷、课时较短、沟通不畅等问题。因此，应推动大学英语教学信息化发展、拓展教学资源、改进创新教学手段，进而有效提升教学效果，改善高职大学英语的教学现状。

线上教学是一种新型教学模式，可以在线完成信息传递，但线上教学要求教师具有一定的信息素养，需要教师投入一定时间精力进行前期准备。线上教学需要借助互联网开展，教学过程中时常发生网络拥堵、卡顿现象，教师设计在线课程时需注意这一点。在线上教学过程中，教师难以监督学生的学习行为，对于学生的约束力较低，难以起到理想的互动效果。虽然部分高职院校在线上教学方面已经有了一定实践经验，但是因为线上教学模式缺少一套标准化、客观化、系统化的教学评价模式，所以难以客观、准确地评估线上教学是否达到预期实施效果。

二、线上教学的优点

（一）让学生真正成为学习主体

构建主义的观点认为学习是一种以学生为中心、教师进行指导的行为。学生是主动构建者，是知识加工主体，教师则是学生学习道路上的促进者与帮助者。传统的灌溉式教学模式已然落后，难以激发学生的学习兴趣，线上教学模式可以为学生学习英语提供一个较好的平台，有利于学生进行自主学习，学生可以自主寻找、查看相关教学资源，完成知识的构建与内化。

（二）有效利用网络资源

网络资源丰富且多样，有文档、音频和视频等形式，能够作为学生的资料库，有利于锻炼学生的英语阅读能力、写作能力、口语能力、听力能力。同时，学生可以利用线上作业上传功能将作业提交至教师端，教师也可以通过网络平台发布个人教学经验、教学课件等内容。

线上教学模式还要求教师具备一定的信息素养，现如今教学理念不断更新，教学设备越发先进，教师需要与时俱进，将网络技术作为教学过程中的辅助手段，充分发挥其应用价值，不断提升自身的教学水平。

（三）使学习过程更为有序

传统的线下学习，教师难以及时掌握学生的学习过程。如教师检查作业可能会占用部分课堂时间，导致教学秩序混乱，并且班级人数越多，相应的检查难度也会越大。采用线上教学模式，教师可以借助网络平台统计学生的学习进度，监督学生自主学习。布置口语、写作任务时，教师可让学生将作业上传至专用平台，有利于教师将每次的作业的完成情况进行对比，掌握学生的进步与不足，并据此开展针对性辅导，更好地因材施教。

（四）从知识传递转变为能力培养

传统教育模式依靠教师实行知识传递，信息技术仅作为辅助手段。学生想要提升英语水平，必须重视口语表达与书面写作，不断进行练习。实施线上教学模式，教师可通过教学软件布置学习任务，每个学生都能拥有锻炼口语与写作能力的机会，并且不受课堂时间的限制。语言学习的根本目的在于学以致用，线上教学模式有助于学生提高应用口语、听力水平及写作能力。传统教学模式的教育时间、地点都受到一定的限制，教师难以在课堂外的时间内了解每一个学生的学习状况。线上教学有利于增强学生的自主学习能力，学生可以完全掌握学习主动权，基础好的学生能够自行扩展学习，基础差的学生能够反复学习。

（五）扩展师生交流渠道

采用传统教学模式，教师无法关注到每一名学生，教师同学生之间缺少沟通。线上教学为师生之间构建了交流渠道，通过网络平台学生可以随时向教师请教，教师也可以随时为学生答疑解惑。特别针对一些性格内敛、英语基础差、在线下课堂中不敢发言的学生，线上教学有助于这些学生跨越心理障碍，拉近师生间的距离。师生关系直接影响学习氛围，会对学生起到潜移默化的影响。积极向上的学习氛围有利于提高学生学习质量，推动学生健康成长。

三、高职英语线上教学评价策略

有效推进和督促教学评价，可进一步落实大学英语线上教学目标，构建网络学习平台。教学评价是教育行业的重要课题，教学评价可分为终结性评价与形成性评价两大类。终结性评价是指教师评价已完成的教学活动的成果与效益，如学校的期末闭卷考试。形成性评价是指教师观察教学方案与教学过程，分析研究其中的问题，采取相应措施，制订或调整方案。在传统教学模式中，终结性评价十分常见，高职英语的终结性评价指标通常是指大学英语四六级考试和期末考试成绩等。终结性评价较为快速、便捷，标准客观统一，但是无法评价学生在学习过程中学习展示出的主动性、创造性、学习态度、个人意志等综合能力指标，极易使学生产生"轻过程、重结果"的意识，不利于激发学生的学习积极性。形成性评价更为重视学生在学习过程中展现的个人品格与能力，教师可对学生的学习过程展开发展性评价，充分发掘学生的兴趣与主观能动性，帮助学生树立学习自信。

四、高职英语线上教学评价模式的构建

（一）构建多元化评价体系

高职院校应科学地完善网络学习平台，采用配套的教学管理模式，充分借助网络资源的优势。高职院校可将形成性评价与终结性评价相结合，从平时表现、线上成绩、口语表达、期末考试这四个方面进行综合性评价，其中平时表现与线上成绩实施形成性评价，口语表达与期末考试实施终结性评价。一些学生平日对学习十分上心，但是终结性考试时却受某些因素影响未能取得理想成果，这使学生形成付出与回报无法对等的偏差性认知，容易让学生在学习英语过程中产生自卑、焦灼等负面情绪，甚至会让部分学生

放弃学习英语。因此，教师可以将学生出勤率、学习活动参与度、日常学习态度、作业完成度等作为平时表现评价指标，将学习进度、学习成果、学习时长、任务完成度等方面作为线上成绩评价指标。

（二）构建综合性评价体系

构建将形成性评价作为核心的综合性评价体系并非摒弃终结性评价方式。期末测试是英语课程终结性评价的主要表现形式，教师可以将期末闭卷笔试转变为机考。由教研室统一编制试卷，测试平台可以随机生成试卷，待到时间结束后答卷会自动提交，试卷内容既要有客观题，又要有主观题，系统依据预存答案自动对客观题进行打分，阅卷教师遵循评分细则对主观题进行评阅打分。网络平台依照考试数据生成综合成绩、试题差异性等各类分析报告，有助于教师进一步掌握学生的学习状况，从而为转变教学策略、调整试卷方向提供一定的参考依据。

（三）师生协同推进

构建将形成性评价作为核心的综合性评价体系，需要教师与学生协同推进。在课堂教学中，教师应当观察学生的课堂活动参与情况、学习态度，定期组织点评活动。教师可以利用网络平台及时上传课程资料，布置相应课堂任务，对学生的学习成效进行系统化评价。教师应组织辩论、演讲等多元化的教学活动，并对其进行评价打分。教师应引导学生参与到评价过程中，鼓励学生明确自身定位，制订符合学生的个人学习规划。教师还可依照学生的实际情况调整教学方案，提升教学活动的科学性与针对性。教学评价是高职英语线上教学的关键环节，科学的评价可有效提升学生英语线上学习水平。教师应积极探索教学评价策略，不断优化课程管理。

第五节　信息化背景下高职商务英语写作评价

随着我国社会经济实力的不断提升，社会信息化水平也得到了飞速发展，我国与世界其他国家的经济文化交流越来越密切，面临的世界经济形势也越来越严峻。激烈的社会竞争对我国的教育教学体制提出了更高的要求，因此我国在教育教学方面进行了深刻的改革。高职院校已经成为我国教育系统中非常重要的一部分，为社会输送着大量的优秀人才，商务英语专业也以其应用广泛等优势成为高职院校中的热门专业。然而，高职商务英语专业在生源和教学模式上较普通高校依旧存在差距，因此提高高职商务英语专业的竞争力是其改革发展的主要目标。信息化环境改变着商务英语写作教学的方式、内容和评价模式，也影响着我国教育教学改革的进程。传统的商务英语写作教学评价模式已经不能适应当下信息化环境的需要，创新写作评价模式是高职商务英语写作教学改革的关键。

一、当下高职商务英语写作评价中存在的问题

（一）英语写作评价项目较为单一

现阶段的高职商务英语写作教学评价内容项目过于单一，过分关注纸质写作内容的表达，以及某些语法、高级词汇的使用，而忽视了学生在作文中表达出来的主观思想意识，久而久之，学生在写作中习惯使用高级词汇提升作文分数，忽视了对主题思想的创新意识。这与现阶段所提倡的有创新意识的素质教育教学理论相悖。高职商务英语写作评价内容应该涉及词汇、语法和主观表达、主题思想等多种项目形式，过分关注单一的项目不利于学生英语写作水平的提升。

（二）英语写作评价方式老旧

在传统的高职商务英语写作教学评价观念中，评价的目的是通过分数看学生有没有掌握到相关知识，评价的标准以课本涉及的句型、语法为主，没有过多考虑到学生将来的实际应用情况，其评价观念也只是在应试教育下形成的，这种以分数为标准的评价模式不是现代教育所提倡的。另外，由于高职学生的英语基础知识层次不均匀，很多基础较差的学生虽然不能使用高级词汇表达思想，却能有创新的写作形式，应该对这种学生给予适当的鼓励和引导。

（三）英语写作评价缺乏公平性

传统的高职商务英语写作评价方式一般是学生在纸质试卷上写作，教师评价。这种方式具有非常大的主观性，教师会根据自己的评价标准对学生的写作成果进行评价，缺乏公平性。另外，教师多是看词汇、语法有没有错误，这种死板的评价方式已无法满足信息化时代经济发展的需求。信息化环境下的商务英语写作要求学生能够在最快的时间、最短的篇幅内把需要表达的内容表达清楚，让阅读者能够在最短的时间内了解文章的重点和核心，这也是现代商务活动中所提倡的。信息化环境下的商务活动在谈判方式和内容上发生了非常大的变化，高职商务英语专业的学生在基础知识上有所欠缺，而苦练英语文章写作是高职学生在激烈的社会竞争中有所突破的重要途径。只有深谙商务谈判文件等的写作规则，才能在谈判中占据主动位置。

二、信息化环境下高职商务英语写作多维评价模式创建的途径

（一）转变教师的教学观念，提倡信息化时代下公平公正的评价理念

信息化环境下，社会发展迅速，各种各样的新兴行业不断涌现。高职商务英语专业学生写作水平的提高对其将来能否在社会中立足具有决定性的作用。

要提高学生的写作水平，首先应培养一批具有信息化时代竞争意识的高素质水平的教师队伍，转变英语教师的教学理念，树立公平公正的教学观念，为学生的发展奠定基础。首先，加强信息化背景下的商务英语写作教学方法理念的宣传，加深教师对现代写作评价功能的了解，逐步转变教学观念；其次，加强写作评价教学与实际商务英语写作谈判的联系，提高写作评价的实用性，培养学生的商务意识和竞争意识，从而提升学生的学习兴趣，激励学生主动学习；最后，信息化环境为教师教学提供了更多便利的条件，教师应该善于利用多种互联网教学设备了解学生的学习状况，通过对学生学习过程的分析，对其学习成果进行多维评价模式教师应摒弃按照既定观念评价学生的错误观念，不断发现学生写作过程中出现的新问题，促进所有学生共同成长。

（二）利用信息化教学手段创建多维评价模式，提高评价可信度

信息化时代的到来更新了教育教学方式，也转变了教师的教学理念，激烈的社会竞争也成为培养多维评价模式的重要原因。

首先，高职院校应该利用信息化手段，将校内的写作评价标准与企业内的实际案例结合起来，通过比较发现学生写作时出现的问题；其次，利用信息化技术模拟实际的商务谈判案例，学生在仿真的环境中写出的文章更能够检验其真实水平；再次，通过教师与企业在职人员共同合作的方式对学生的写作进行综合评价，将教师的学术性思想与企业的实战型思想紧密地结合起来，发现教学评价当中存在的问题，再通过企业人员对学生的写作文章进行详细地讲解分析，从而在实战中提高学生的写作水平，达到多维评价模式发展的目的；最后，通过信息化教学手段将评价方式和结果设置得更加公开透明，让每个学生都在学校的平台上看到其他同学的文章，通过比较发现自己写作存在的问题，了解其他同学的学习动态，从而形成一种自我评价和激励机制。

（三）增加评价项目内容，形成更全面的信息化评价机制

传统的商务英语写作评价内容以学生的段落结构、句型、语法为主，属于理论型的评价内容，这种评价内容不符合商务英语专业的就业要求，信息化环境下的商务英语写作教学需要建立多维评价内容。首先，对学生的基础知识进行评价，包括语法、词汇、

作文的结构等，这些是学生能够进一步提升的基础；其次，对学生在文章中表达出来的主观意识进行评价，对主题新颖，有创新精神的文章给予不同程度的鼓励，从而激发学生的创造力，使更多的学生敢于突破传统评价观念的束缚，写出更新颖的作文；最后，对学生的商务谈判意识进行评价，商务谈判意识的建立对提高学生写作表达能力具有非常大的帮助，这也是商务英语写作教学最终应该达到的目的。

高职商务英语专业教学有其自身优势和不足，英语写作评价多维模式的建立也是信息化时代发展的必然，是教育教学改革的重要环节。传统的评价模式将学生写作思维固定在提高英语水平上，而忽视了与商务活动的关系，单一的评价模式也让学生体会不到学习商务英语的意义。因此，建立多维评价模式是信息化环境下高职商务英语发展的必然途径，高职院校应该认识到写作评价过程中存在的问题，根据实际情况找到解决的方法，从而促进学生商务英语写作水平的提升。

第六节　信息化背景下多元评价体系在高职英语口语教学中的应用

随着信息化技术和高等教育领域的不断发展与融合，基于互联网思维构建的多元评价体系优势逐渐凸显。以主体多元化、方式多元化和标准多元化为主要特征的评价体系颠覆了传统教学重应试、轻实践的评价弊端，打破了时间与空间的限制，与高职教育"工学结合"的教育理念更加契合。本节基于领域内的研究成果和教学实践，论证了通过信息化手段构建的多元评价体系在高职英语口语教学中的应用价值。

进入21世纪以来，全球信息技术不断推进与深化，这一趋势对我国的教育体系优化改革有着重要启示，对教学活动的参与主体提出了更高的要求。教育部于2018年印发了《教育信息化2.0行动计划》，该计划强调"互联网＋"条件下的人才培养新模式，力求推进新技术与教育教学的深度融合，实现从"融合应用阶段"向"创新发展阶段"的转变。对于高职教育而言，英语口语的教学不仅能够体现英语交互性的本质，更是对高等职业教育"工学结合"理念的践行。

事实上，教学评价这一概念最早于1911年被提出，美国教育评价之父弗雷德里克·泰勒（Fredric Taylor）在其著作《科学管理原理》中首次提出"教育评价就是衡量教育活动达到教育目标程度的一种活动"，随着教育体系的不断完善，人们对这一概念的理解也在持续更新和深化。顺应信息化的时代发展潮流，建立多元立体的口语评价体系已经为越来越多的高等教育从教者所重视。本节将针对信息化背景下多元评价体系在高职英语口语教学中的应用进行研究和论证，以期为领域内教学活动提供参考和借鉴。

一、高职英语口语教学中传统评价体系的弊端

随着我国教育教学体系的日趋成熟，传统的评价体系在高职英语口语课堂中的应用已经展现出了诸多不适用特征，主要体现在与信息化背景的脱节以及评价效率的损失上。我们可以将传统教学评价体系所体现出的弊端概括为三个"单一"。

第一，评价主体单一。在传统的高职英语课堂当中，评价任务仍主要集中在授课教师身上，教师既是口语课程内容的讲授者也是口语学习成果的评价者。教师按照课程标准中预期的教学目标对学生进行引导，依据既定的考试标准及少量主观思考进行考核与评价。如此统一的标准在一定程度遏制了学生的创造性和主动性，压缩了学生自我反思和相互学习的空间。同时，从高职教育范畴来说，依赖教师作为单一评价主体是否能够高度契合"以就业为导向"的教学原则仍然有待商榷。

第二，评价方式单一。传统的高职英语课堂上，完成对学生口语水平的评价需要以课堂为依托，实现面对面的展示或交流，这样的评价方式虽然更为直观，但评价活动的时间、空间有显著的限制性。

第三，评价标准单一。我们将学生习得英语知识的全过程视为一个完整的学习过程。在高职英语口语教学中，传统的评价体系主要以终结性的成果展示作为唯一评价依据，完全忽视了学生的基础差异，往往有部分基础较好的学生依靠临场发挥取得高分，但其本身的口语水平并未通过学习实现提升，这很难保证评价体系的公平性，也无法因材施地帮助学生发掘自身潜力和优势。

二、信息化背景下多元评价体系在高职英语口语教学中的构建

教学评价体系的构建是一个复杂的过程，单一的评价主体、方式和标准很难做到积极有效的反馈。针对传统评价体系所存在的问题和弊端，笔者结合高职英语口语教学的发展趋势和实践经验，就信息化背景下多元评价体系的应用进行研究与论证。

（一）评价主体多元化

教育评价作为一项具有极强复杂性和丰富性的实践活动，其生命力源于多元主体共同参与和协商。教育评价的概念涉及范畴较广，本节仅讨论具体教学这一环节。目前，已经有越来越多的教师认识到建立学生自评、互评、教评三维评价体系的重要意义。学生的自我评价可以更好地契合其自身学习特点，学生应跳出参与者的角色，以

一个全新的视角重新总结自己口语展示的优缺点。互评是指学生之间基于共同的学习目标相互评价，学生之间对学习任务的认知具有一致性，同时他们因基础、想法和呈现方式的不同又存在个体差异。因此，可以通过配对或分小组讨论的方式，完成同学之间的相互评价。与单一的教师评价相比，三维评价体系更为立体和全面。此外，为了增强口语教学的实际适用性，我们可以通过信息化技术突破课堂这个固化形式，实现评价主体的多元化拓展。

（二）评价方式多元化

信息技术的高速发展为我们打破传统的评价方式创造了良好的条件，因此我们不仅可以通过信息化的手段提高学生学习过程的效率，也可以利用大数据、信息化和互联网的概念完成对学生口语输出情况的评价。现在很多高职院校都采用人机交互软件辅助教学。以笔者就职院校为例，我们所采用的"WE Learn"APP在项目中设有一个"speak"环节，学生可以按要求在手机客户端完成口语输出，应用软件自动根据学生口语输出的内容及语音语调完成打分，这在很大程度上保证了教学评价的公平性和科学性。此外，我们还可以通过远程连线、音视频资料云分享等方式搭建多元评价桥梁。鉴于高职教育与市场需求的紧密联系，专业评价内容的介入将大大提升英语口语教学的合理性和高效性，如邀请企业人员（通常也是学生实习的企业指导教师）从专业角度对学生英语口语展示情况进行评价和指导。

（三）评价标准多元化

随着教育制度的发展与完善，许多教师和学者逐渐认识到评价学生学习过程的重要作用。教学评价体系的构建从只针对结果的静态式终结性评估转变为针对整个学习过程的动态式过程性评估。形成性评估与教学的各个环节密切相关，教师可以通过开放性的方式给予学生即时反馈，这种评价方式与针对结果的终结性评估相比是诊断性的，教师可以随时调整教学策略，学生也可以适时调整学习状态，因此对于推动高职英语教学的发展具有积极、正面的影响。

信息化技术的发展为高职教育的进一步完善提供了契机，评价体系作为考量教学效果和调整教学策略的重要环节，意义重大。百余年来，教学评价相关的理念和成果不断更新和完善，在教学过程中所发挥的作用也日益凸显。信息化背景下多元评价体系的构建更为便捷和高效，实现了评价主体、评价方式和评价标准的全方位多元化发展，在高职英语口语教学中产生了积极的教学效果。综上，我们应建立起多元评价体系，不断推动信息化背景下高职英语教学改革。

三、利用信息化手段构建英语口语课程评价体系的优势

（一）实行信息技术为支撑的分级教学，制订适度、灵活的测评标准

随着高职院校不断扩招，很多学校的师资和硬件设备无法满足小班授课的需要。作为一门公共基础必修课，高职英语的教学实际也受到了严峻的挑战，很多学校不得不采用合班或大班的教学方式应对教学资源有限的困境。但英语不同于其他知识性学科，它更侧重培养学生的实践交际能力，需要学生反复操练。学生在实践中不断使用，才能逐渐掌握这门语言。而采用大班授课，课堂上口语练习的机会非常难得，大多数学生在课堂上根本没有机会练习。不同学生的英语水平参差不齐，教师很难了解每个学生对课堂内容的掌握程度。

建立有效的网络学习平台是缓解上述问题的一个可行之道。教师可以通过网络平台将不同的课堂内容进行分级，按照级别不同制定相应的评价标准，在客观上也建立起分级的教学模式。虽然未按班级分级，却根据学生的水平和接受程度进行分级教学，充分考虑了学生的个体差异。针对不同等级的学生，也应制订不同的辅助学习内容和学习目标，使学生最大限度地根据自己的现实情况把握学习的进度。

（二）利用网络资源平台，丰富口语课堂教学内容

利用网络资源平台可以丰富英语教学的课堂内容，更好地增大课堂教学容量，扩展并延伸课堂教学的深度和广度。一方面刺激学生利用网络找到自己感兴趣的话题，便于学生搜寻个性化的表达素材；另一方面，网络平台方便学生与其他同学和教师沟通。高职英语教师可以通过监督平台学习记录，定期了解学生学习进度。

通过以视、听、说训练为主的网络学习平台进行学习，可以激发学生学习潜能，全面提升学生综合运用英语的能力。

（三）建立以运用能力为考核目标的考试系统

高职英语教学评价模式应以学生为中心，侧重考查学生的语言应用能力。高职院校应积极引进和使用计算机、网络技术等现代化教学手段，搭建适合学生个性化学习和自主学习的教学模式，以满足学生的不同需求。高职院校英语教师可以利用虚拟现实技术模拟职业工作场景，提高学生的职场交际能力，或采取灵活多样的教学方法，加强教学互动与协作学习。

建立适应高职英语口语课程的评价体系，应该符合高职学生身心发展的特点，遵循开放化、多元化、动态化的原则。评价内容不能只限于课本的"知识点"，更应拓展至

与学生的专业相关、与不同的文化相关、与不同的生活方式相关的内容，突破过分侧重语音、语法准确性的考核，以及忽略语言交流应用的能力的考核。高职院校英语教师要运用网络自主学习平台辅助教学，不断关注学生的学习过程，有针对性地调控学习，使学生知道"学什么""怎么学"，使评价体系真正成为学生了解自身学习状况的坐标，进而促进学生发现学习中存在的问题，不断地在学习过程中获得进步。

总之，通过信息技术和网络建立的评价体系有其特有的优势，能够有效地弥补传统课堂侧重终结性评价的不足。建立一套完整而有效的高职英语口语课程评价体系，不仅仅是教师和学生的任务，还是学校、用人单位、教学研究机构的共同任务。只有建立起有效的评价体系，高职院校才能培养出合格的英语应用型人才。

后　记

　　随着信息化时代的到来，教师应该主动引入现代科学技术，通过高科技媒介加快高职英语教学的改革步伐，创设良好的课堂氛围，让学生在英语学习环境中高效学习。这样一来，高职院校英语教学活动才能与学生实际生活相贴近，展示丰富的英语学习素材，拓宽学生的眼界，有效调动学生的学习积极性。在传统教学模式下，很多高职英语教师仅仅只是简单地将知识向学生讲解，未体现英语作为一门语言课程的特点，与学生互动交流的时间不多，学生对英语课程难以形成强烈的兴趣，英语整体教学效果难以得到提升。互联网技术应用于各行各业，也为高职英语教学改革创造了有利契机，除了能够实现英语教学模式的创新发展以外，更能够为师生提供丰富的英语语言学习资料。面对图文并茂的英语学习内容，学生的主动性普遍较强，也为师生之间的交流与互动奠定了良好基础，大幅度提高了高职英语教学的效果。不仅如此，学生也能够应用互联网对英语学习内容进行自主选择，加强了对学生听说读写等能力的培养，学生的英语语言水平也能逐步获得提升。

　　网络信息技术在教育事业中应用非常广泛，对教育改革的影响也非常深远。信息化背景下，高职英语教学内容与教学方法都有了很大的变化，英语教学将逐步朝着个性化、移动化和数据化等方向变革。这要求高职英语教师把握好时代发展机会，主动投入改革与创新，以保证高职英语教学目标的顺利实现。本书基于信息化背景下高职英语教学改革意义，提出了具体可行的教学改革新路径，提升学生英语能力，推动高职英语教学发展。

　　本书以信息时代网络教学作为指引，以高职英语教学方式作为研究目的，让更多读者了解信息时代教学的重要性。基于现代信息技术和高职英语教学整合的新模式已被广泛应用，在继承已有研究成果的基础上，从内涵界定以及实施策略等方面研究信息化时代高职英语进行详细教学。本书结合丰富的一线教育经验，对高职专业英语的现状、发展以及具体的改进方式提出了一系列有效和前瞻性的方法。

　　文章付梓之际，非常感谢亲朋好友的支持。也特别是感谢兢兢业业、不辞辛苦的图书出版人员在后期修改中付出的辛勤努力。

参考文献

[1] 余胜泉. 推进技术与教育的双向融合:《教育信息化十年发展规划（2011—2020）》解读 [J]. 中国电化教育，2012（5）.

[2] 何克抗. 智慧教室＋课堂教学结构变革:实现教育信息化宏伟目标的根本途径 [J]. 教育研究，2015，36（11）.

[3] 祝智庭，贺斌. 智慧教育：教育信息化的新境界 [J]. 电化教育研究，2012（12）.

[4] 刘芳. 基于网络教学平台的互动式大学英语教学模式探究 [J]. 学园（教育科研），2012（23）.

[5] 何克抗. 从 Blending：Learning 看教育技术理论的新发展 [J]. 国家教育行政学院学报，2005（9）.

[6] 何克抗. 从 blended learning 看教育技术理论的新发展（上）[J]. 中国电化教育，2004（3）：5-10.

[7] 黎加厚. 微课程教学法与翻转课堂的中国本土化行动 [J]. 中国教育信息化，2014（14）：7-9.

[8] 刘立. 基于混合式学习理论的教学空间实践探索[J]. 长沙民政职业技术学院学报，2012（4）：82-84.

[9] 钟晓流，宋述强，焦丽珍. 信息化环境中基于翻转课堂理念的教学设计研究 [J]. 开放教育研究，2013（1）：58-64.

[10] 陈肖庚，王顶明. MOOC 的发展历程与主要特征分析 [J]. 现代教育技术，2013（11）：5-10.

[11] 曾明星. 基于 MOOC 的翻转课堂教学模式研究 [J]. 中国电化教育，2015（1）.

[12] 张辉. MOOC 背景下翻转课堂的构建与实践：以现代教育技术公共课为例 [J]. 现代教育技术，2015（2）.

[13] 张新明，何文涛. 支持翻转课堂的网络教学系统模型研究 [J]. 现代教育技术，2013（8）.

[14] 付云红. 慕课视域下商务英语翻转课堂教学模式 [J]. 海外英语，2015（11）：90-92.

[15] 王欣 . "慕课"理念下高职院校商务英语教学策略研究 [J]. 海外英语，2016（1）：46-47.

[16] 曾明星，周清平，蔡国民，等 . 基于 MOOC 的翻转课堂教学模式研究 [J]. 中国电化教育，2015（4）：102-108.

[17] 蔡文璇，汪琼 . 2012：MOOC 元年 [J]. 中国教育网络，2013（4）：16-18.

[18] 冯菲，于青青，蔡文璇，等 . 2013 年全球慕课运动回顾 [J]. 工业和信息化教育，2014（9）：5-12.

[19] 康叶钦 . 在线教育的"后 MOOC 时代"：SPOC 解析 [J] . 清华大学教育研究，2014（1）：85-93.

[20] 祝智庭，刘名卓 . "后 MOOC"时期的在线学习新样式 [J]. 开放教育研究，2014（6）：36-42.

[21] 徐葳，贾永政，[美] 阿曼多·福克斯，等 . 从 MOOC 到 SPOC：基于加州大学伯克利分校和清华大学 MOOC 实践的学术对话 [J]. 现代远程教育研究，2014（4）：13-22.

[22] 王朋娇，段婷婷，蔡宇南，等 . 基于 SPOC 的翻转课堂教学设计模式在开放大学中的应用研究 [J]. 中国电化教育，2015（12）：79-86.

[23] 张金磊，王颖，张宝辉 . 翻转课堂教学模式研究 [J]. 远程教育杂志，2012（4）：46-51.

[24] 曾明星，李桂平，周清平，等 . MOOC 与翻转课堂融合的深度学习场域建构 [J]. 现代远程教育研究，2016（1）：41-49.

[25] 覃国庆 . 以工作过程为导向的高职旅游英语实践教学模式初探 [J]. 教育与职业，2009（11）：100-102.

[26] 叶志良，徐洁 . 近三年我国旅游英语规划教材现状抽样分析 [J]. 中国出版，2013（1）：56-58.

[27] 周敏 . "互联网 +"时代中国高职教育转型思考 [J]. 北京教育（高教），2015（12）：24-25.

[28] 黄从玲，赵勃 . 现代职业教育体系下高职旅游英语教学的探讨 [J]. 杨凌职业技术学院学报，2016（3）：60-63.